GAOXIAO DIER KETANG CHENGJIDAN ZHIDU TIXI DE LILUN YU SHIJIAN TANSUO
—— YI MINJIANG XUEYUAN WEI LI

高校第二课堂成绩单制度体系的理论与实践探索

——以闽江学院为例

乐上泓　编著

光明日报出版社

图书在版编目（CIP）数据

高校第二课堂成绩单制度体系的理论与实践探索：以闽江学院为例 / 乐上泓编著 . -- 北京：光明日报出版社，2021.4

ISBN 978 - 7 - 5194 - 5890 - 4

Ⅰ. ①高… Ⅱ. ①乐… Ⅲ. ①高等学校—第二课堂—教育研究 Ⅳ. ①G640

中国版本图书馆 CIP 数据核字（2021）第 057794 号

高校第二课堂成绩单制度体系的理论与实践探索——以闽江学院为例
GAOXIAO DIER KETANG CHENGJIDAN ZHIDU TIXI DE LILUN YU
SHIJIAN TANSUO—YI MINJIANG XUEYUAN WEI LI

编　　著：乐上泓

责任编辑：杨　茹　　　　　　　责任校对：李小蒙
封面设计：中联华文　　　　　　责任印制：曹　净

出版发行：光明日报出版社
地　　址：北京市西城区永安路 106 号，100050
电　　话：010 - 63169890（咨询），010 - 63131930（邮购）
传　　真：010 - 63131930
网　　址：http：//book. gmw. cn
E - mail：yangru@ gmw. cn
法律顾问：北京德恒律师事务所龚柳方律师

印　　刷：三河市华东印刷有限公司
装　　订：三河市华东印刷有限公司
本书如有破损、缺页、装订错误，请与本社联系调换，电话：010 - 63131930

开　　本：170mm × 240mm
字　　数：222 千字　　　　　　　印　　张：16
版　　次：2021 年 4 月第 1 版　　印　　次：2021 年 4 月第 1 次印刷
书　　号：ISBN 978 - 7 - 5194 - 5890 - 4
定　　价：68.00 元

目 录
CONTENTS

第一章

聚焦人才培养

——高校第二课堂成绩单制度发展概况

一、第二课堂成绩单制度的发展历程

高校第二课堂，作为高校课堂教学（又称"第一课堂"）的有效补充和时空延伸，是高校落实立德树人根本任务的重要阵地，是培养社会主义合格建设者和接班人的主要阵地，承载着与第一课堂同等重要的育人功能和价值。它以提升大学生德、智、体、美、劳等方面的素质能力为目标，以文娱、体育、志愿服务等课外活动为主要教育方式。在很长一段时间，第二课堂各类活动的热闹表象背后，是资源的低效利用、活动的粗放发展和人才培养的条块分割。习近平总书记指出，要重视和加强第二课堂建设，重视实践育人，坚持教育同生产劳动和社会实践相结合，广泛开展各类社会实践，让学生在亲身参与中认识国情、了解社会，受教育、长才干。这些重要论述，为当代青年成长成才道路标注了鲜明的时代坐标和基层导向。在新时代背景下，高校第二课堂亟须实现自身的"供给侧结构性改革"以回应社会多元人才的需求及人才个性化成长的需要。2013 年，习近平总书记在中共中央政治局第九次集体学习时指出，高等教育质量提升需创新教育方法；2016 年，习近平总书记又在全国高校思想政治工作会议上进一步指出，要在教育主体上"全员育人"，要在教育过程上"全程、全方位育人"，这些要求为高校人才培养擘画了改革蓝图，也为高校第二课堂建设指明了发展方向。2016 年在北京、江苏以及 36 个高校进行了为

期 2 个学期的试点工作，并于 2017 年年底开始在全国范围内推广。2018 年 9 月 10 日，习近平总书记在全国教育大会上强调，坚持中国特色社会主义教育发展道路，培养德、智、体、美、劳全面发展的社会主义建设者和接班人。习近平总书记深刻指出"时代是出卷人，我们是答卷人"，新时代正推动高等教育人才培养理念与行动的更新，如何用实际行动回答好"培养新时代所需人才"这一时代命题，已成为高校回应党和国家重托、学生成才期待的关键之举，成为关涉高等教育综合改革和质量提升成败的重要问题。

围绕高等教育综合改革和质量提升，高校需切实承担起大学生素质教育的主体责任。在新时代高等教育信息化背景下，作为一项将面向全国高校全面推进的大学生素质教育制度设计，高校"第二课堂成绩单"制度试图回答"培养新时代所需人才"的时代命题。高校共青团"第二课堂成绩单"制度，作为延伸第一课堂教育链条、发挥第二课堂育人优势、全面推进素质教育的一项面向全国高校的制度设计，有必要通过政策和文献的梳理，厘清"第二课堂成绩单"制度的发展历程。

（一）高校素质教育 1.0 模式——全国教育工作会议的政策铺垫

"高校素质教育"的发展伴随着改革开放的进程。1985 年，改革开放后第一次全国教育工作会议提出民族素质的整体提升，有赖于人才数量和质量的提高，培养高素质人才是教育体制改革的根本目的。1993 年，《中国教育改革和发展纲要》进一步把人才培养的目标细化为"德智体全面发展的建设者和接班人"。1999 年，第三次全国教育工作会议又进一步提出了素质教育内涵及"三个面向""四个统一"的要求，会上形成的《中共中央、国务院关于深化教育改革全面推进素质教育的决定》（以下简称《决定》），标志着全国范围内开始大规模推行素质教育。进入 21 世纪，2010 年第四次全国教育工作会议又提出"坚持育人为本，高度重视教育质量"。上述全国教育工作会议的政策铺垫逐步明晰了素质教育的核心内涵。

（二）高校素质教育 2.0 模式——大学生素质拓展计划的先期探索

在 1999 年的《决定》推动下，共青团中央、教育部、全国学联于 2002 年联合发布《关于实施"大学生素质拓展计划"的意见》。高校"大学生素质拓展计划"被首次提出并在全国 63 所高校试点开展。该计划注重培养大学生思想政治素质、创新精神和实践能力，旨在提高大学生的人文素养和科学素质，形成了"挑战杯""三下乡"等特色工作项目。同时，建立了评价体系，以"大学生素质拓展证书"为认证标准，进一步强化大学生对国家和社会的认同。"大学生素质拓展计划"的实施是国家层面首次明确提出对高校素质教育结构化改革的要求。

（三）高校素质教育 3.0 模式——"第二课堂成绩单"制度的试点推广

2016 年，团中央大力推进"第二课堂成绩单"制度改革，并于同年 3 月 28 日在对外经济贸易大学颁发了全国首张"第二课堂成绩单"。同年 8—9 月，团中央先后印发了《共青团中央改革方案》《高校实施共青团"第二课堂成绩单"制度试点工作实施办法》。同年 12 月，中央 31 号文件在全国高校思想政治工作会议后印发。2017 年 6 月，全国高校共青团思想政治工作会议提出要在组织、实践、文化、网络和服务五方面重点推进育人质量的提升。2018 年 5 月，习近平总书记在北京大学师生座谈会上指出，思想政治工作体系要贯穿涵盖教学、管理等多体系的人才培养体系。2018 年 7 月，作为深化高校共青团改革的一项重大举措，兼具理论指导和实践意义的《关于在高校实施共青团"第二课堂成绩单"制度的意见》（以下简称《意见》）由共青团中央和教育部联合印发，《意见》进一步明确了该制度的指导思想、基本原则、工作内容及高校第二课堂的功能定位。同时，这一举措也意味着，"第二课堂成绩单"制度将作为"三全育人"综合改革的重要内容，在全国的高校范围内全面推广。2018 年 9 月 10 日，习近平总书记在全国教育大会上指出，要充分运用系统化思维，完善教育体系和人才培养体系，继续深化教育体制改革，实现教育评价科学化，这为进一步推动高校"第二课堂成绩单"制度的发展与革新提供了行动指南。2019年2月，《中国教育现代化2035》提出"利用现代技术加快推动人才培养模式改革"的基本理念，并在实施方案中从探索教育治理新模式的视角，明确"以互联网等信息化手段服务教育教学全过程"的要求，这为高校"第二课堂成绩单"制度在信息系统中的落地实施提供了思考路径。第二课堂服务高等教育治理体系和治理能力现代化上起着越来越重要的作用。

总之，"第二课堂成绩单"的推行就是让第二课堂成为系统化、制度化、规范化、可量化的育人机制，真正嵌入高校人才培养体系之中，在具体构建过程中要实现三种变革：在设计过程由"边缘化"向"主体化"变革；在组织过程中由"自发粗放型"向"精准集约型"变革；在管理过程中由"经验化管制"向"科学化理治"变革。

二、第二课堂成绩单制度的概念界定

"第二课堂"的概念在教育领域被广泛使用，但学术界没有统一和明确的定义。1983年，著名的中国教育家朱九思在《高等教育管理》一书中首次提出了"第二课堂"的概念。我们一般认为，第二课堂是指利用丰富的资源来组织和指导学生开展的各类活动，以及教学计划的课堂教学活动。也就是说，课堂以外的所有活动都是为了培养学生对文化、体育、艺术、创新、创业、科研等方面的兴趣，培养学生的实践、社交和创新能力，提高学生的综合素质。

学术界通常对第二课堂有两种不同的观点：一种观点是"辅助观"，认为第二课堂活动是对第一课堂的延伸和补充，并强调了第一课堂教学在这一观点中的主导地位。在教育实践中，在确保专业教育时间、空间、资源等因素允许的情况下，学生可根据自身专业和爱好发展需要自由选择、自愿参加素质教育或能力教育活动；另一种观点是"独立观"，打破了第二课堂的"第二性"，提高了第二课堂在学校教育体系中的地位和作用。

事实上"第二课堂"的独立教育功能在内容上很难站住脚,"独立观"中的独立性只是与第一课堂平行,第二课堂活动的组织和发展是相对独立的,但第二课堂的内容和目标依然是专业教育的延伸,是学生综合素质和能力培养、提升的育人平台,只是作为一种独立的教育组织形式而存在。

2002年,共青团中央、教育部、全国学联曾联合试点推行"大学生素质拓展计划",以开发大学生人力资源为着力点,整合了除深化教学主渠道外有助于学生提高综合素质的各种活动和项目,引导帮助大学生完善职能结构,全面成长成才。从某种意义上讲,可视为"第二课堂成绩单"的"前身"。

相对于课堂教育而言,"第二课堂"是一种综合理念,指在第一课堂外的时间进行的与第一课堂相关的教学活动,是第一课堂的延伸和重要补充,是有利于学生身心健康、扩大知识面、开阔视野、培养能力和兴趣的一切有意义的课余实践活动的总和。何谓"第二课堂成绩单"制度?共青团中央书记处书记傅振邦同志将其定义为:"高校共青团围绕党的立德树人根本任务,借鉴高校'第一课堂'工作模式和内在机理,将团组织项目和活动进行课程化、系统化、制度化、规范化、可测量化的一整套工作体系和工作制度,从而更好地服务高校教育教学工作,更好地响应社会实际需求,科学地促进大学生按照习近平总书记所提出的'有理想、有追求,有担当、有作为,有品质、有修养'的'六有'要求,实现健康全面的成长。"把大学生培养成为"勤学,修德,明辨,笃实"的社会主义合格建设者和接班人。可见,高校共青团"第二课堂成绩单"制度的逻辑起点是为党培养中国特色社会主义事业合格建设者和可靠接班人,基本理念是借鉴第一课堂的工作模式和内在机理,实现团组织项目和活动的课程化、系统化、制度化、规范化和可测量化,其功能定位是服务高校教育教学、服务社会用人需求、服务学生全面健康成长。这个定义为"第二课堂成绩单"制度工作的开展提供了基本的出发点和落脚点。

总而言之,"第二课堂成绩单"是一项评价大学生综合素质、评估高校人才培养的重要指标,融入学生成长成才发展的评价体系当中,有利于提升学生的综合竞争力，同时为社会单位提供选人用人参考决策。

三、第二课堂成绩单制度的现实内涵

（一）"第二课堂成绩单"是人才培养机制

"第二课堂成绩单"是新时期高校人才培养模式的新探索、新实践。它以学生为主体，以培养和提升学生的综合素质和社会竞争力为工作目标，涵盖了思想成长引领、校园文体活动、社会实践活动、创新创业竞赛、志愿公益服务、职业技能培训等多个领域，旨在多方位、多角度地引导学生全面发展，提升高校人才培养质量。因此，它是一种人才培养机制。

（二）"第二课堂成绩单"是能力评价机制

新形势下，用人单位选人用人的标准更加多样化，在招聘过程中既看重专业方面的素质，也高度关注综合能力表现。"第二课堂成绩单"是对大学生综合素质的量化考评过程，在学生毕业时有一张既体现学习实践过程又科学公正评价结果的第二课堂成绩单，将成为反映学生综合素质的重要依据，为学生的综合能力证明，为社会用人单位提供参考。

（三）"第二课堂成绩单"是教育融合机制

高校人才培养过程需要第一课堂与第二课堂的互通互融、相辅相成，二者都是必不可少的环节。新时期高等教育面对的教育对象呈现出"多样化、个性化"等特点，仅靠第一课堂的教育内容和方式已经不能满足学生需求了，学生对第二课堂的需求和要求越来越高。"第二课堂成绩单"制度可以很好地借鉴第一课堂的运行机制和模式，成为第一、第二课堂之间有效融合的连接点。

（四）"第二课堂成绩单"是团学改革机制

推进高校团学工作机制体制创新是团中央明确的重点改革内容，"第二课堂成绩单"涵盖了高校团学的主要工作内容，旨在服务中心工作、融入教育改革方面有所成效，是共青团"引领青年、团结青年、服务青年"工作理念的生动体现。"第二课堂成绩单"的实施是具有战略意义的制度创新，是

团学改革工作中的重要抓手，对扩大团学工作覆盖面和有效面具有积极影响。特别是针对当前共青团工作中的"四化困局"，提出了新的改革方向。

所谓"四化困局"，一是内涵空心化，即形式大于内容，表面轰轰烈烈，内涵空洞乏味，为了趣味性放弃思想性，一定程度上与党的教育方针相脱节；二是领域边缘化，即自转大于公转，只顾自说自话，忽视服务大局，一定程度上与学校的事业发展大势相偏离；三是运行孤立化，即分工大于协作，过分强调第二课堂的独立性，主观忽视与第一课堂的相关性，一定程度上与专业教育体系相对立；四是培养单一化，即经验大于实际，只顾单方面供给，忽视多元个性的需求，缺乏调研、依赖经验、不愿变革，一定程度上与学生的成长需求相背离。"四化困局"严重影响了第二课堂建设的方向性、全局性、协同性和互动性，阻碍了第二课堂与第一课堂的有机融合，限制了第二课堂育人实效的发挥，是当前高校思想政治教育领域亟待解决的关键问题。

解决"四化困局"的最优路径是要全面、开放、系统地审视第二课堂在高等教育、在高校人才培养中的地位和作用，构建科学、系统、高效的第二课堂育人体系，推进第二课堂与第一课堂的协同联动、融合发展，从而推动高等教育内涵式发展，提升高校人才培养质量，这也是培养担当民族复兴大任的时代新人的题中之义和必由之路。

四、第二课堂成绩单制度的理论基础

（一）人的全面发展理论

在《1844 年经济学哲学手稿》中，马克思以共产主义理论为基础，阐述了人的全面发展思想。马克思认为，人的发展是"人以一种全面的方式，也就是说，作为一个完整的人，占有自己的全面的本质"①。人的发展

---

① 中共中央马克思恩格斯列宁斯大林著作编译局．马克思恩格斯文集：第 1 卷
［M］．北京：人民出版社，2009：189.

的条件与人的发展的内容是紧密联系在一起的。马克思强调的"人的全面的发展",实质上是"人的本质力量的展示"和"人的本质力量的发展"。马克思在《关于费尔巴哈的提纲》中指出,"人的本质不是单个人所固有的抽象物,在其现实性上,它是一切社会关系的总和"。人是自然产物,也是社会产物,是社会关系的主体,也是社会关系的客体。"人的全面发展"蕴含着一般性和特殊性的统一,这种双重意蕴不是单一的、抽象的,而是辩证的、唯物的。从一般意义来看,"人的全面发展"是一种理想的状态,包括人的个性、能力和知识的协调发展,人的自然素质、社会素质和精神素质的共同提高,政治权利、经济权利和其他社会权利的充分体现。从特殊意义来看,人的本质不是某一方面的社会关系,而是所处的一切社会关系的总和,社会关系的丰富性、全面性决定着人的本质的丰富性、全面性,人的社会关系实现全面发展,人自然就会实现全面发展。实现人的全面发展,是马克思主义追求的根本价值目标,也是共产主义社会的根本特征。马克思主义关于人的全面发展,强调的不是片面的发展、畸形的发展、不自由的发展、不充分的发展,而是全面的发展、和谐的发展、自由的发展、充分的发展。

习近平总书记多次深刻指出要"不断促进人的全面发展"。这是对马克思主义"人的全面发展"理论的继承和发展,是习近平新时代中国特色社会主义思想的重要内容,在这样的背景下,第二课堂应运而生,正是基于这样的哲学理论认知,破除社会上"唯分数论"的单一向度的评价机制,引入多元评价体系,承认学生能力、素质的差异,灵活应用培养方式,同时加强系统建设维护,营造和谐高效的使用环境,助力第二课堂长效发展机制。此外,参照人的全面发展要求,推进第二课堂内容与时代要求相结合,将提高学生基础"四育"与创新内容形式有机融合,以人为本,提出合理规划,进而充分发挥学生能动性,促进人的全面发展,适应未来复合型人才的需要,成为社会发展的中坚力量,服务青年成长成才。

（二）人力资本理论

人力资本理论是建立在人力资源管理的基础之上，综合了"人"的管理与经济学的"资本投资回报"两大分析维度，将企业中的人作为资本来进行投资与管理，并根据不断变化的人力资本市场情况和投资收益率等信息，及时调整管理措施，从而获得长期的价值回报。人力资本理论主要包括：（1）人力资源是一切资源中最主要的资源，人力资本理论是经济学的核心问题。（2）在经济增长中，人力资本的作用大于物质资本的作用。人力资本投资与国民收入成正比，比物质资源增长速度快。（3）人力资本的核心是提高人口质量，教育投资是人力投资的主要部分。不应当把人力资本的再生产仅仅视为一种消费，而应视为一种投资，这种投资的经济效益远大于物质投资的经济效益。教育是提高人力资本最基本的主要手段，所以也可以把人力投资视为教育投资问题。（4）教育投资应以市场供求关系为依据，以人力价格的浮动为衡量符号。

正是基于对人力资本的认识，明确教育对社会经济的促进作用，通过第二课堂提升学生的综合素质，进而提升学生的社会适应力和竞争力，促进学生就业创业，实现人力资源开发以及人力资本升值；通过提升第二课堂的内容含金量，将第二课堂作为真正意义上的人才教育大后方，成为人才教育的稳固载体，从而构建内容多元化、形式多样化的知识型人才培养体系模型。合理配置大学生教育资源，挖掘社会一切可用教学潜力，恰当利用人力资源管理中的"双因理论"，调动积极性，促进第二课堂有效建设。

（三）需求层次理论

需求层次理论是行为科学的理论之一，由美国心理学家亚伯拉罕·马斯洛（Abraham Maslow）在 1943 年在《人类激励理论》论文中所提出。马斯洛理论把需求分成生理需求（Physiological needs）、安全需求（Safety needs）、爱和归属感（Love and belonging）、尊重（Esteem）和自我实现（Self - actualization）五类，依次由较低层次到较高层次排列。该理论的主要论点：（1）五种需要像阶梯一样从低到高，按层次逐级递升，但这样次序不是完全固定的，可以变化，也有种种例外情况。（2）需求层次理论有两个基本出发点，一是人人都有需要，某层需要获得满足后，另一层需要才出现；二是在多种需要未获满足前，首先满足迫切需要，该需要满足后，后面的需要才显示出其激励作用。（3）一般来说，某一层次的需要相对满足了，就会向高一层次发展，追求更高一层次的需要就成为驱使行为的动力。相应的，获得基本满足的需要就不再是一股激励力量。

第二课堂正是基于以上的认识，认为人的内在力量不同于动物的本能，人要求内在价值和内在潜能的实现乃是人的本性，人的行为是受意识支配的，人的行为是有目的性和创造性的，从而有意识地通过第一课堂之外的教育实践活动，满足自身更高层次、更多元化的需求。

基于马斯洛理论，"第二课堂"应该为学生制定"个性化"服务，坚持"按发展需要培养人"的战略目标，围绕学生组织管理能力、学习能力、创新能力、实践能力和心理承受能力等五项基本能力，运用"蛛网"理论，对五大活动平台项目进行权重赋值，构建学生能力素质模型，为学生的就业选择、用人单位招聘提供有参考价值的"成绩单"。

传统的"三中心"教学体制，即"以课堂为中心，以教师为中心，以教科书为中心"，这种教学体制"不利于培养学生的各种能力、不利于贯彻因材施教这一重要的教学原则、不利于优秀人才'冒尖'、不利于拓宽学生的视野、不利于形成生动活泼自由的学术气氛"[1]，所以，第二课堂教学是弥补其不足的新的教育方式和途径。

五、第二课堂成绩单制度的实践意义

当前，在共青团中央致力于改革的大趋势下，"第二课堂成绩单"制度作为推进高校共青团改革的重点项目和创新举措，它是共青团中央适应高校

---

[1]　蔡克勇，冯向东. 第二课堂的产生是教育思想上的一次变革［J］. 高等教育研究，1985（4）：10—15.

综合改革潮流的"牛鼻子";它是优化高校共青团工作理念,推动工作创新的"发动机";它是引领大学生发挥重要作用的"指挥棒";它是调度团学组织高效运转的"工具箱";它是引导学生成长成才的"助推器";它是部门工作联动衔接的"润滑剂";它是直接引导大学生获得社会认可的"通行证"。

（一）落实立德树人根本任务的客观要求

习近平总书记在全国高校思想政治工作会议上强调,要更加注重以文化人、以文育人,广泛开展文明校园创建,开展形式多样、健康向上、格调高雅的校园文化活动,广泛开展各类社会实践。这体现了党中央对高校第二课堂建设的高度重视,为我们继续深化第二课堂建设提供了根本遵循,指明了方向。中共中央、国务院印发的《中长期青年发展规划（2016—2025 年）》指出,"要提高学校育人质量",强调"要科学设计开展实践育人活动,通过探索实施高校共青团'第二课堂成绩单制度'等途径,帮助学生开阔视野、了解社会、提升综合素质"。《普通高校思想政治理论课建设体系创新计划》中提出,"坚持课堂教学与日常教育相结合,积极拓展思想理论教育渠道,创新发挥第二课堂的教育作用"。因此,高校应提高政治站位,自觉站在落实立德树人根本任务的高度,进一步提升第二课堂育人实效。

第二课堂因其内容的丰富性、形式的多样性、时空的开放性、参与的主动性、效果的全面性,在人才培养过程中发挥着第一课堂所不能替代的作用。例如,《华盛顿协议》的工程教育标准体系中对毕业生提出 12 条素质要求,通过对这 12 项素质进行分析可以发现,第一课堂可以直接或者间接培养 9 项,而第二课堂可以直接或者间接培养 8 项,因此,只有充分推进第一课堂与第二课堂的协同联动,才能切实提高人才培养质量。

（二）满足学生成长需求的题中之义

美国心理学家马斯洛提出的需求层次理论,将人类需求从低到高按层次分为五种,即生理需求、安全需求、爱和归属感、尊重需求和自我实现需求。大学生正处于人生发展的关键时期,各类需求呈现出多元多向、交融交织、变化较快等特点。基于大学生的多样诉求，仅仅依靠在规定教学时间里进行的教学活动远远不能满足学生发展兴趣、交流交友、提升能力的各种要求，更不能满足不同学龄、不同专业、不同特长的学生有倾向性发展自我的强烈需求，而第二课堂则为其提供了宽广的空间、灵活的时间、多样的内容、丰富的形式、个性的团体，成为大学生发展个性、增进交往、开阔视野、提升素质、文化传承与创新、国际交流与合作的重要选择。

1. "第二课堂成绩单"制度有助于活动的客观记录

一方面，"第二课堂成绩单"制度是建立在活动项目设置的基础上，对第二课堂的活动进行分类别汇总和构建体系，同时在项目设置上应基于当前势态下学校共青团工作的重点任务和应尽职责。因此各大高校可以整合现有的第二课堂资源，借助网络信息化平台把相关数据汇总，实事求是地对学生的第二课堂活动教育的参与过程和成果进行真实客观的记录，同时依据活动项目设置的不同，体现在认证系统中，客观记录学生在校期间的活动教育全过程，另一方面"第二课堂成绩单"制度引导学生积极参与第二课堂活动，促进其全面成长成才。

2. "第二课堂成绩单"制度有助于能力的科学评价

"第二课堂成绩单"制度是一种新型的学生综合素质评价的方式，它是通过客观记录、及时反馈的形式科学登记以及评价学生的综合能力。"第二课堂成绩单"制度从第二课堂活动教育中抓取大学生参与活动的经历和信息，对学生在第二课堂活动教育中以"成绩单"的形式客观记录和展示活动全貌，帮助学生从各方面认识自己、了解自我，根据兴趣和能力的综合体现，从而选择符合自己未来成长成才的发展之路。由此可见，评价并不仅仅是为了让学生之间进行比较分类，而是在学校社会资源充分的基础上，帮助学生纵向比较现在与过去的自己，从而更好地认识自身的优势与不足，主动选择适合自己未来发展的优质资源、更好地完善自我，让学生在大学期间较为全面地、清晰地了解自身的特点和优势所在，更好地协助学生规划、完善自己未来的社会职业生涯，帮助学生了解成长路径，形成科学的职业生涯认知体系。

3. "第二课堂成绩单"制度有助于素质的综合提高

第二课堂在以文化人、以文育人和实践育人等方面具有时间、空间和资源的比较优势，应该成为学生全面成长成才的必要环节。大学生素质拓展活动第二课堂能激发学生发现问题、解决问题的学习动力和学习兴趣。第二课堂活动教育实施活动项目教育，在参与第二课堂活动教育的过程中，学生必然会遇到诸多的问题、困难，以及延伸出学习、探究的兴趣，这些极具挑战性的困难使得大学生能够努力自发地去寻找、发现、创造解决这些问题的知识及方式方法，并不断地从各个角度观察分析问题，形成综合的知识，探寻解决的办法，从而促进学生综合素质的提高。

4. "第二课堂成绩单"制度有助于团学工作的革新

2016 年由共青团中央、教育部联合印发的《高校共青团改革实施方案》明确指出，实施高校共青团"第二课堂成绩单"制度，是围绕高校育人根本任务，要改革创新高校共青团工作方式方法，针对学生思想道德素养、科技人文素质、创新创业能力、个性发展特色、社会公益实践等方面的普遍需求，促进高校共青团工作更加制度化、规范化和课程化。共青团中央"第二课堂成绩单"制度深化高校团学工作的改革，高校"第二课堂成绩单"活动项目的广泛覆盖面，使得高校共青团的大部分工作都能通过这一制度的统筹规划，系统、协调地运作，因而"第二课堂成绩单"成为学校共青团深化改革的重中之重。

5. "第二课堂成绩单"制度有助于推动校地融合

"第二课堂成绩单"制度的实施是以项目为基础，以活动为载体，它为学生提供了大量直接接触社会、直接参与社会生活的机会，它对于大学生积累学习经验、社会经验和工作经验大有裨益。随着大学扩招后毕业生的迅速增加，就业难问题日渐突出，许多用人单位希望应聘者具有一定工作经验。在大学校园里如何积累工作经验成为大学生们的一道难题。高校

第二课堂活动与政府实践基地、地方企业、事业单位对接，为大学生提供了一个未踏出校门就能积累工作经验、了解社会需求、适应社会需要的平台，大学生在活动过程中通过理性认识和思考问题，学会观察、学会对话和沟通、学会处理人际关系、学会利用信息和资源、学会关心和了解社会、学会将知识转化为工作能力。经过这样的积累，他们会变得更成熟、懂得如何更好地安排时间、更能务实工作、适应能力更强、更容易相处。同时，这样一个学校联系社会的平台也为政府的实践基地、企事业单位提供了优选人才的方式，这些社会机构能够根据自身职能的需求，挑选符合岗位需要的青年毕业生，甚至提前预留优秀人才。

通过依托政府实践基地、企事业单位，应届大学生毕业之后能够寻找到自己心仪的岗位，立即就业。这些社会机构也能够在大学生参与第二课堂活动教育阶段提前招录岗位对口人才，使得人才与岗位无缝对接，从而达到"双赢"局面。

学校可以根据学生个人的第二课堂成绩单出具一个科学、合理的"成长方案"或者"诊断书"，根据参与课程的数据结果对学生的学习、生活、就业进行专业的指导，使学生可以全方位、多角度地发展自身素质。在服务学生的成长规划中，通过大数据更精准地引导学生成长。通过第二课堂成绩单的预警机制，激励学生广泛参与各类活动，促进能力素质的均衡发展，提高综合素质能力，提升就业竞争力。用人单位可以通过高校第二课堂实践平台的打造，积极承接实践基地，深化产学研合作教育和校地合作，探索人才培养的协同创新，不断提高培养学生的质量。通过用人单位的及时反馈，让学生们体会到就业所需的技能，不断提升自己。

六、第二课堂成绩单制度的运行策略

"第二课堂成绩单"制度作为一个近年提出的新生工作项目，它在具体实施中呈现出组织保障体系不健全、项目内容体系不完善、技术支撑体系不成熟等方面的问题。为了让"第二课堂成绩单"充分发挥教学育人的重要作用，高校在推行"第二课堂成绩单"时，需结合本校实际，因地制宜，从合理定位、组织保障、制度构架、内涵提升、技术支撑、资源整合等形成系统的合理化运行策略，推进校本化和院本化的制度建设。

（一）学校重视、准确定位，构建"第二课堂成绩单"组织保障体系

"第二课堂成绩单"的实施需要充分发挥高校党建带团建的作用，在顶层设计上要得到学校党委、行政的认可和重视。目前高校对第二课堂育人环节的作用和功能定位较以前有了很大提升，但几乎都还游离在高校人才培养的关键环节和核心体系之外，很多领导认为第二课堂相较于第一课堂的作用显得"虚"很多，处于"看得见、摸不着"的状态，学校领导层面的认可不充分，必然影响其功能的发挥。因此，获得学校的认同、准确定位，是推进"第二课堂成绩单"制度实施的前提条件。首先，从认识层面积极转变观念，需要将"第二课堂成绩单"制度的实施提升至关系到增强学校教育教学水平、人才培养质量和社会竞争力的高度，强调和突出第二课堂教育的重要地位。其次，从设计层面，需要将"第二课堂成绩单"制度的落实纳入本科人才培养方案，以教育教学制度的形式固定，体现出人才培养关键环节的主体地位。最后，从操作层面，需要明确学校层面开展此项工作的组织架构，形成学校主要领导挂帅，团委、教务处牵头，学工部、招生就业处、科技处、人事处等职能处室及各个学院共同参与的组织运行体系。

（二）科学设计、丰富师资，构建"第二课堂成绩单"项目内容体系

科学合理的项目内容设置和丰富的指导老师资源是"第二课堂成绩单"运行的基础。"第二课堂成绩单"体系涵盖了德、智、体、美、劳、特、善等多方面，项目内容丰富，保证好项目实施的效果和质量才是使其不流于形式、不热闹而无效的关键所在。项目内容体系的优化可从三方面着手：首先，在项目设置之初，科学论证的过程必不可少，学校层面可组织相关专家结合本校的实际将"第二课堂成绩单"所设定内容高标准、严要求地进行甄别和审核，并分门别类将每一项内容以类似"课程"的形式一一列出，这让第二课堂教育的开展有纲可靠，有据可依，有理可达，有

的放矢，只有在认定之内的项目才能获得相应的成绩和学分，可有效避免活动的泛滥和良莠不齐，让第二课堂教育的开展更有的放矢。其次，需要充分挖掘和调动校内教师资源，强化师资。"第二课堂成绩单"内容丰富，仅仅靠校、院团委的老师来进行指导，力量远远不够，可以通过提高参与老师政治待遇和经济待遇的方式吸引专业教师、有文体特长的教师、社团指导老师参与其中，不仅发放津补贴，还从职称评定上面认可他们的工作量，鼓励和吸纳他们共同建设学校"第二课堂成绩单"项目。最后，引导和激励学生重视"第二课堂成绩单"制度，让他们充分了解项目内容，也是提高第二课堂项目吸引力和扩大品牌影响力的重要举措。

（三）打造平台、提升效率，构建"第二课堂成绩单"技术支撑体系

"第二课堂成绩单"精准地记录了每个学生的成绩及评价，这需要相对独立且系统高效的网络数据运行平台作为技术支撑。据不完全了解，目前全国还很少有高校为"第二课堂成绩单"专门建立网络运行系统，这需要学校层面投入人力、物力、财力来完成，以保证"第二课堂成绩单"运行的硬件条件。"第二课堂成绩单"网络运行系统的设计需要着重考虑两方面的问题：一方面是可操作性。系统的功能需包括公告通知、项目申请、实施效果、考核记录、学分认证、成绩单制作、综合评价等模块，能够简单方便操作，同时又能够实时有效反映出学生参与项目的经历及效果，翔实记录和科学分析每位同学的第二课堂开展情况。另一方面是可参与性。"第二课堂成绩单"面对的群体基本上是"95后""00后"，喜爱和充分利用新媒体、自媒体是他们的特点，设计的网络运行系统也应充分考虑到他们的兴趣、爱好和需求，尽量做到与微信、QQ等新媒体的互融互通，同时还可以多融入一些同学们学习、生活的功能，使之成为学生在校期间的一种必备工具。

（四）完善机制、改善模式，构建"第二课堂成绩单"制度服务体系

任何人才培养运行模式都应有一套完善的制度体系作为支撑保障。"第二课堂成绩单"在实施的过程中，也必然会有一系列的问题产生，这

就需要出台合理的制度体系来明确教育主体的职责和规范教育客体的行为。在"第二课堂成绩单"制度构建上需要重点考虑三个层面的问题：一是教育主体层面。"第二课堂成绩单"是多部门协同运作机制，需要资源的整合与协调，这就要依靠制度来明确各参与部门之间的权责，重点解决岗位职责重复、指导要求模糊、评价考核不力等突出问题，构建起多部门协调配合全员参与的工作格局。二是教育客体层面。要将所有设置项目、全体参与学生都纳入制度规范中来，尽量减少主观因素的干扰，用制度的尺子来衡量过程，用制度来避免和化解矛盾，保证同学们在"第二课堂成绩单"制度框架下有序地开展活动并能够得到公正、客观、科学的评价。三是教育效果层面。"第二课堂成绩单"的实施是第二课堂教育被重新认识和重视的过程，在制定政策时可以考虑适当的引导和鼓励，诸如学生多修的第二课堂学分可冲抵公共选修课制度、指导教师工作量与职称评定挂钩制度、学院第二课堂开展情况纳入年度目标管理考核制度等，以保障"第二课堂成绩单"的实施效果。

（五）深入调研、及时反馈，构建"第二课堂成绩单"监控保障体系

"第二课堂成绩单"是高校人才培养模式的新探索，是一项动态系统工程，包涵内容丰富，实施过程涉及因素较多，且还没有相对成熟的运行模式，在其发展运行中，必然会有一系列新问题需要及时调整和修正。当然，运行机制的调整也不是盲目的，需要通过深入调研、科学论证才能有效实现。首先，以深入访谈、调查问卷、座谈会等方式深入了解学校、教师、学生对"第二课堂成绩单"的认识和需求，在运行机制中设立意见收集反馈环节，在网络系统中设置问题反映及建议模块，告知师生可以及时向有关部门反映情况和提出诉求。其次，科学合理的论证也是必不可少的环节。定期组织专家对项目设置内容进行完善，对运行过程中的新问题进行修正，并提出相关的解决方案，以保障"第二课堂成绩单"制度的运行机制活力。

第二章

实现育人价值
——第二课堂成绩单制度项目供给体系

科学合理的项目内容设置和丰富的指导老师资源是"第二课堂成绩单"运行的基础。"第二课堂成绩单"体系涵盖了德、智、体、美、劳、特、善等多方面，项目内容丰富，保证好项目实施的效果和质量才是使其不流于形式、不热闹而无效的关键所在。在项目设置之初，科学论证的过程必不可少，充分挖掘和调动校内教师资源，引导和激励学生重视"第二课堂成绩单"制度，是提高第二课堂项目吸引力和扩大品牌影响力的重要举措。

一、第二课堂成绩单项目供给体系的构建原则

（一）系统化

"第二课堂成绩单"制度的系统化，具体是从制度实施的计划、内容、过程、机制和方法出发，建立健全高校校团委、学院院团委、团总支、团支部等四级联合的系统、综合的管理构建，这条完整的链式结构系统地记录了工作方案的落实、实施细则的下达、课程明细的开设、教师教学活动的评价、学生获取学分的认证、考核结果的登记等几大板块的详细数据。该结构旨在联动各部门之间信息系统耦合，协同各类课程的开展，全面提高学生们的综合素质。

（二）科学化

"第二课堂成绩单"制度的科学化，是在第二课堂的教育教学活动过程中，要做到细化活动目标、分级活动内容、精细考核标准、丰富考核标准、总和考核结果。实践"第二课堂成绩单"制度的科学化原则需要量化

考核机制，参考"第一课堂"模式实施"成绩单"学分制度，在"第二课堂成绩单"的考核过程中，形成统一的学分评价、认定、登记的方式方法，制定综合全面的量化考核标准。

（三）共享化

"第二课堂成绩单"制度的共享化，指的是基于各大高校目前都加强了数字化校园信息系统的建设，各部门信息系统实现数据资源的开放共享，并在资源共享的基础上，集合各部门的业务信息，形成信息共享中心，为"第二课堂成绩单"的最终呈现提供更好的综合性数据成果。

二、第二课堂成绩单项目供给体系的概念与内涵

第二课堂，是指学生在教学计划课程之外进行的一切活动，即规定教学计划课程之外，组织学生开展各类具有素质教育内涵的学习实践活动，包括思想教育、科技创新、志愿公益、文艺体育、社团文化、社会实践、实习实训等。

2016 年，团中央、教育部联合印发《高校共青团改革实施方案》，要求把实施高校共青团"第二课堂成绩单"制度作为改革创新工作的方法。2018 年 7 月，团中央、教育部《关于在高校实施共青团"第二课堂成绩单"制度的意见》正式实施，旨在推进第一课堂与第二课堂共建、共享、共融，帮助大学生在德、智、体、美、劳相互促进、有机融合中实现全面发展。2019 年 1 月，国务院印发了《国家职业教育改革实施方案》，对职业教育提出全方位的设想。方案强调，推动具备条件的普通本科高校向应用型转变，鼓励有条件的普通高校开办应用技术类型专业或课程。从 2019 年开始，在职业院校、应用型本科高校启动"学历证书＋若干职业技能等级证书"制度试点工作。应用型高校实施"第二课堂成绩单"制度，是落实习近平总书记全国高校思想政治工作会议讲话精神，贯彻十八大精神，推动高校思想政治工作改革创新，全面提升职业教育现代化的必然要求。

课程项目体系是高校"第二课堂成绩单"制度实施的基础和工作的重点，合理构建课程项目体系，有助于第二课堂教育规范化、科学化、精细化。面向不同类型的高校，在倡导共性实施方案的同时，围绕高校人才培养定位，探索有针对性的"第二课堂成绩单"制度课程项目体系，从供给侧角度开展更为有效服务高校育人中心工作的教育改革创新。

三、第二课堂成绩单项目供给内容体系

《关于在高校实施共青团"第二课堂成绩单"制度的意见》明确了该制度的主要工作内容，即要构建课程项目体系，紧紧围绕思想素质养成、政治觉悟提升、文艺体育项目、志愿公益服务、创新创业创造、实践实习实训、技能特长培养等内容，聚焦人才培养目标，充分借鉴第一课堂教学模式，坚持开放包容、协同育人，合理设计好课程项目体系。课程项目体系是高校共青团"第二课堂成绩单"制度的实施基础，本质上是对已有第二课堂课程项目的分类整合和体系构建。课程项目体系的质量直接决定着共青团"第二课堂成绩单"制度的实施效果，以及新时代高校人才培养目标的实现。

根据调研可知，如图 2 - 1 所示，学生对于技能特长、文体活动、志愿公益和社会实践四个板块更感兴趣，这四种活动对大学生的能力要求不是很高，看重的是参与者对活动的热爱以及是否可以坚持，多数大学生可以通过这四种活动来充实自己、锻炼自己。

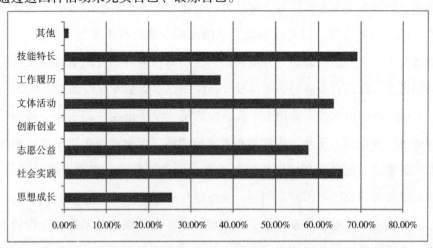

图 2 - 1　第二课堂活动选择参与率

　　根据团中央、教育部《关于在高校实施共青团"第二课堂成绩单"制度的意见》，构成课程项目体系，"要紧紧围绕思想素质养成、政治觉悟提升、文艺体育项目、志愿公益服务、创新创业创造、实践实习实训、技能特长培养等内容设计课程项目体系。聚焦人才培养目标，尊重学校历史传统，结合第一课堂教学安排，统筹设计共青团第二课堂课程项目体系，实现第二课堂与第一课堂互动互融、互补互促。要充分借鉴第一课堂教学模式，对能够课程化的项目活动进行课程化设计，制定教学大纲，配备师资力量，规范教学过程，完善考核方式。对不宜课程化的项目活动要规范供给标准，注重质量控制。要坚持开放包容、协同育人，充分吸纳团学组织、机关院系、社会机构等举办的，可以促进学生全面发展、能够科学反映学生成长状况的活动和项目。"

　　以闽江学院为例，为了较为清晰地呈现闽江学院第二课堂成绩单项目供给体系，本文选取闽江学院海峡学院第二课堂成绩单项目供给体系进行展示，如表2-1所示。

表2-1　闽江学院海峡学院第二课堂成绩单项目供给体系

课程类别	课程名称	课程性质	课程时间	参考积分/次（小时）
思想政治素养	青年马克思主义者培养工程	必修课	2小时	0.2/次
	海峡学院党委分党校党基班	必修课	2小时	0.2/次
	海峡学院青年马克思主义者培养工程培训班	必修课	2小时	0.2/次
	海峡学院十佳团支部暨星级团支部评选活动	必修课	2小时	0.2/次
	海峡学院十佳主题团日活动评选	必修课	2小时	0.2/次

续表

课程类别	课程名称	课程性质	课程时间	参考积分/次（小时）
思想政治素养	海峡学院十佳大学生评选	必修课	2 小时	0.4/次
	赴台行前教育系列讲座	必修课	2 小时	0.2/次
	新生入学系列教育之校情校史讲座	必修课	2 小时	0.2/次
	新生入学系列教育之入党教育	必修课	2 小时	0.2/次
	新生入学系列教育之团学教育	必修课	2 小时	0.2/次
	新生入学系列教育之勤工助学教育	必修课	2 小时	0.2/次
	新生入学系列教育之心理健康教育	必修课	2 小时	0.2/次
	新生入学系列教育之第二课堂教育	必修课	2 小时	0.2/次
	新生入学系列教育之第三课堂教育	必修课	2 小时	0.2/次
	新生入学系列教育之图书馆入馆教育	必修课	2 小时	0.2/次
	新生入学系列教育之国防教育	必修课	2 小时	0.2/次
公益志愿服务	清洁美化校园志愿服务	选修课	2 小时	0.05/小时
	"展爱之音，乐义永驻"福利院音乐之旅活动	选修课	4.5 小时	0.05/小时
	关爱盲人系列活动——橄榄树志愿者协会	选修课	2.5 小时	0.05/小时

课程类别	课程名称	课程性质	课程时间	参考积分/次（小时）
公益志愿服务	福二院志愿活动	选修课	5 小时	0.05/小时
	整理衣物——老马义工服务	选修课	4.5 小时	0.05/小时
	玖玖养老院服务	选修课	2.5 小时	0.05/小时
	清逸托老院志愿活动	选修课	5 小时	0.05/小时
	捐衣扶贫	选修课	2 小时	0.05/小时
	鼓楼区数字图书馆志愿活动	选修课	5 小时	0.05/小时
	省博观众调查志愿服务	选修课	5 小时	0.05/小时
	导盲培训会——橄榄树志愿者协会	选修课	1.5 小时	0.05/小时
	"萌宠运动会"、屋舍清扫搭建等——小动物保护中心活动	选修课	4.5 小时	0.05/小时
	"国际志愿者日"系列活动	选修课	4.5 小时	0.05/小时
	学雷锋精神系列活动	选修课	4.5 小时	0.05/小时
	清明祭扫、缅怀先烈活动	选修课	4.5 小时	0.05/小时
	节日相关活动（母亲节、重阳节、元旦等）	选修课	4.5 小时	0.05/小时

续表

课程类别	课程名称	课程性质	课程时间	参考积分/次（小时）
社会实践能力	社会实践（院级）	必修课	7 天	1.0/次
	社会实践（自主）	必修课	7 天	0.5/次
创新创业能力	《深入分析时间序列问题》学术讲座	选修课	2 小时	0.2/次
	《中华文化在台湾的传承》学术讲座	选修课	1 小时	0.2/次
	《跨界心理学在设计中的应用》学术讲座	选修课	1 小时	0.2/次
	《草根经济的崛起》学术讲座	选修课	1 小时	0.2/次
	《生态文明思想与生态省建设》学术讲座	选修课	1 小时	0.2/次
	《改革开放 40 年回顾与展望》学术讲座	选修课	1 小时	0.2/次
	《谈会计人之特质 V. S. 会计教育》学术讲座	选修课	1 小时	0.2/次
	《大学生应有的素养与知识及能力》学术讲座	选修课	1 小时	0.2/次
	《学与游》学术讲座	选修课	1 小时	0.2/次
	《人民币加入 SDR 后的机会与挑战》学术讲座	选修课	1 小时	0.2/次
	《国际贸易的古往今来》学术讲座	选修课	1 小时	0.2/次
	《美感养成》学术讲座	选修课	1 小时	0.2/次
	《未来在等待的人才》学术讲座	选修课	1 小时	0.2/次

续表

课程类别	课程名称	课程性质	课程时间	参考积分/次（小时）
创新创业能力	双创讲堂系列讲座	必修课	2 小时	0.3/次
	台湾青创导师进校园系列讲座	选修课	2 小时	0.2/次
	海峡学院第二届大学生创新创业大赛	院级高水平创新创业竞赛		0.2~1.2/次
	海峡学院首届服装设计大赛	院级学科竞赛		0.1~0.8/次
	海峡学院大学生职业生涯规划大赛	院级学科竞赛		0.1~0.8/次
	海峡学院第二届大学生人力资源职业技能大赛	院级学科竞赛		0.1~0.8/次
	闽江学院"创业杯"市场营销大赛	校级学科竞赛		0.2~1.2/次
	闽江学院企业沙盘模拟经营大赛暨榕城高校邀请赛	校级学科竞赛		0.2~1.2/次
	第九届全国大学生电子商务"创新、创意及创业"挑战赛闽江学院选拔赛	校级学科竞赛		0.2~1.2/次
	海峡学院英语词汇竞赛	院级学科竞赛		0.1~0.8/次
	海峡学院英语演讲比赛	院级学科竞赛		0.1~0.8/次

续表

课程类别	课程名称	课程性质	课程时间	参考积分/次（小时）
校园文化活动	海峡学院21天自律养成计划	选修课	21天/每天1小时	0.1~0.6/次
	海峡学院校规校纪知识竞赛	选修课		0.1~0.6/次
	海峡学院易班第二课堂知识竞赛	选修课		0.1~0.6/次
	海峡学院易班第三课堂知识竞赛	选修课		0.1~0.6/次
	阳光体育系列活动之篮球专业比赛	选修课		0.1~0.6/次
	阳光体育系列活动之乒乓球比赛	选修课		0.1~0.6/次
	阳光体育系列活动之跳绳比赛	选修课		0.1~0.6/次
	阳光体育系列活动之羽毛球比赛	选修课		0.1~0.6/次
	阳光体育系列活动之足球专业比赛	选修课		0.1~0.6/次
	"最海峡"校园文化系列活动之"印象·青春"十佳歌手大赛	选修课		0.1~0.6/次
	"最海峡"校园文化系列活动之班级合唱比赛	选修课		0.1~0.6/次
	"最海峡"校园文化系列活动之毕业生晚会	选修课		0.4~0.6/次
	"最海峡"校园文化系列活动之摄影作品大赛	选修课		0.1~0.6/次
	"最海峡"校园文化系列活动之语言文字竞赛	选修课		0.1~0.6/次

续表

课程类别	课程名称	课程性质	课程时间	参考积分/次（小时）
校园文化活动	公寓文化节之全民运动月	选修课		0.1~0.6/次
	公寓文化节之特色宿舍颁奖典礼	选修课		0.1~0.6/次
	公寓文化节之微情书	选修课		0.1~0.6/次
	公寓文化节之宿舍配音大赛	选修课		0.1~0.6/次
	公寓文化节之宿舍装扮大赛	选修课		0.1~0.6/次
	海峡学院毕业生双选会	选修课		0.2/次
	第七届义工之星评选及颁奖晚会	选修课		0.2/次
	第九届"有勤"演讲比赛	选修课		0.1~0.6/次
	新生"温情之旅"活动	必修课		0.2/次
	第七届职业生涯规划大赛	选修课		0.1~0.6/次
	阳光体育系列活动之广播操项目	选修课		0.2~1.0/次
	阳光体育系列活动之院运动会	选修课		0.1~0.6/次
	社彩嘉年华系列活动之"舌尖上的闽院"摄影大赛	选修课		0.1~0.6/次
	社彩嘉年华系列活动之 W-ings 礼仪模特美妆课	选修课		0.2/次

课程类别	课程名称	课程性质	课程时间	参考积分/次（小时）
校园文化活动	社彩嘉年华系列活动之大学城剑道交流会	选修课		0.2/次
	社彩嘉年华系列活动之第四届大学生企业模拟沙盘经营大赛	选修课		0.1~0.6/次
	社彩嘉年华系列活动之第五届"创业杯"市场营销大赛	选修课		0.1~0.6/次
	社彩嘉年华系列活动之福建工程学院社联高校交流会	选修课		0.2/次
	社彩嘉年华系列活动之福建省非遗闽派古琴传承与数字媒体艺术传播	选修课		0.2/次
	社彩嘉年华系列活动之福建师大协和社联高校交流会	选修课		0.2/次
	社彩嘉年华系列活动之感谢"邮"你活动	选修课		0.1~0.6/次
	社彩嘉年华系列活动之海报设计大赛	选修课		0.1~0.6/次
	社彩嘉年华系列活动之五缘情活动	选修课		0.2/次
	社彩嘉年华系列活动之英语电影配音大赛	选修课		0.1~0.6/次

四、第二课堂成绩单项目供给的主要问题

（一）第二课堂课程项目时间分布不均衡

从闽江学院第二课堂系统积累数据和调查问卷来看，第二课堂与第一课堂相互融合、有效衔接，时间分布上较为合理。但是，从年度时间分布

来看，寒暑假期间第二课堂课程项目分布极少，与学期内数量众多的活动相比形成了空档期。此类情况表明高校共青团"第二课堂成绩单"课程项目设计缺乏年度整体宏观统筹的理念，课程项目的开展集中在学期课内课外，假期时段内学生参与第二课堂的内生动力不足。

（二）第二课堂课程项目类型组织不均衡

从共青团"第二课堂成绩单"课程项目类型组织情况来看，由于实施"第二课堂成绩单"制度的总时长还不到两年，现阶段处于严重失衡的状态。思想成长类占课程项目总数的1/2，文体活动类占课程项目总数的1/3，志愿公益类、创新创业类、实践实习类等几项总和仅占1/10。思想成长类、文体活动类课程项目开展门槛低、参与率高，成为各类型团学组织开展率最高的活动。志愿公益类课程主要集中于"青马工程""三下乡"社会实践、爱心帮扶圆梦队志愿活动等，参与人数相对较少，开展次数较少，并且对组织方有较高的要求。创新创业类课程集中于少数大赛以及学校开展的各类创新创业培训课程，形式单一，数量偏少，同样对组织方有较高的要求。实践实习类，如金工实习、数控培训、材料加工、模拟企业运行等课程项目较少，而且此类课程项目大多被纳入专业培养方案中，属于第一课堂序列内容。

（三）第二课堂课程项目质量参差不齐

从学生评价数据来看，第二课堂课程项目的评价均分为4.2分。对于不同组织方的课程项目来讲，省级及以上的课程项目评价最高，校级课程项目评价居中，系级班团组织开展的项目评价最低。从课程项目类型来看，思想成长类、文体活动类课程项目属于普众型课程，开展门槛低，但往往出现流于形式的情况，基层班级党团组织在课程项目设计上往往疲于应付，主动性不强，致使此类项目对青年大学生吸引力不足，思想引领乏力。创新创业类、实践实习类课程项目属于选拔型课程，专业性要求高，在课程项目供给中，筛选部分学生参加已成为一种常态。对于质量不佳的第二课堂课程项目，青年大学生"用脚投票"的情况越发明显，致使第二课堂课程项目供给覆盖面严重不足。因此，以青年学生的发展特点和成长需求为出发点，提升第二课堂活动项目的供给质量，成为高校共青团"第二课堂成绩单"制度落实过程中最紧迫的任务。

五、第二课堂成绩单课程项目供给体系建设策略

（一）注重顶层设计

创新高校共青团"第二课堂成绩单"制度的工作理念是新时代共青团服务青年学生成长的重要抓手，是共青团落实全国高校思想政治工作会议精神的重要举措。

高校应该更新思想观念，充分认识到第二课堂是青年学生应用实践能力培养的着力点和支撑点，是第一课堂的重要延伸和有益补充，共同构成了高等教育人才培养体系的生态链。第二课堂是第一课堂的延伸与补充，能够实现抽象化、立体化的理论知识在实践活动中具象化、生动化；第二课堂是第一课堂的实践与演练，在某些方面能够替代第一课堂，使理性思维的第一课堂上升到具体探究性的实践活动，使抽象理论知识更易于为学生吸收，对理性思维有了更深刻、更深入的掌握。学校要把第二课堂纳入全程全方位协同育人体系，在办学定位、专业设置、学科建设、课程规划、培养目标等环节上体现第二课堂的功能与价值，在师资队伍、教学资源、信息建设等方面要为第二课堂提供保障和支持。最为关键的是学校管理层要树立第二课堂课程思维，重视第二课堂在教育阵地与实践方式上的独立性与开放性，逐步建立与完善第二课堂课程理念、课程性质、课程目标和课程标准，形成完善的"第二课堂成绩单"制度运行体系，全面做好顶层设计和宏观把控。

在"第二课堂成绩单"课程项目建设过程中，以第一课堂课程系统的育人模式为参照，从源头上，在高校共青团第二课堂成绩单课程项目建设过程中，引领与服务青年方面进行全局设计和系统规划。遵循人才成长基本规律，坚持问题导向，深入调研青年学生的实际发展需求；发挥团组织

自身优势，探索整合共青团工作内容，在课程内容供给上做"减法"，进行供给侧改革，确保内容供给"降量增质"；坚持统筹协调，将不同类型的课程项目、不同级别的课程项目进行全局梳理，从资源整合和功能统筹的角度设计第二课堂课程项目，蹄疾步稳推进高校共青团"第二课堂成绩单"制度落实落细，实现增效增质的目标。

（二）优化课程体系

构建第二课堂课程模块与建设第二课堂课程项目体系是一项面广量大的创新性、系统性、长期性工作。团中央"第二课堂成绩单"的课程项目体系分为思想成长、实践实习、志愿公益、创新创业、文体活动、工作履历、技能特长七个类别。应用型高校可以在团中央第二课堂课程项目设置的基础上，根据本校办学定位与人才培养目标对第二课堂课程项目进行优化设计。同时，要充分借鉴第一课堂课程模块设计的积极做法，按照课程设置的要求，将第二课堂课程项目划分为必修与选修、主干课程与非主干课程等不同类型，形成通识教育与个性发展相结合的第二课堂课程模块。通识教育是在多元社会发展形态下，为受教育者提供中立的非意识形态方面的共性的基本技能、知识和价值观；是面向所有专业的学生开设第二课堂必修课程与主干课程，开展共性化的培养。必修课程与主干课程要实行"系统化设计，规范化管理"，明确课程的课程性质、目的、理论学时、实践学时、考核方式、参考书目等，设置思政类报告会、志愿公益、社会实践等课程为必修。打造"线上线下""校内校外"两级课程体系，形成"学校＋院系""学校＋社会""学历教育＋若干职业技能等级证书"的两级人才培养体系。每门课程配备理论指导教师和实践指导教师，开课教师以团干部、辅导员和机关处室干部等为主，兼聘专职教师、校外专家等，并定期开展集中培训、专题研讨、素质拓展等活动。个性发展，即根据学生个人发展需求及兴趣爱好开设灵活多样的非主干课程与选修课程，该类型项目要充分发挥学生社团与开放实验室的育人功能，开展形式多样、内容丰富的校园文化活动与科技创新活动。

（三）突出创新实践

习近平总书记强调，团的工作是面向青年的工作，扩大团工作的覆盖面就是要把思想引领与成长服务延伸到广大青年最需要的地方。当前新一轮高校共青团改革，应该围绕立德树人根本任务，在引导青年学生坚持以学业为主的同时，针对学习就业创业、创新创造实践、志愿公益和社会参与等普遍需求，科学规划、合理设置第二课堂课程项目的内容和数量，不断满足学生全面成长成才的需要，这也是探索实施高校共青团"第二课堂成绩单"制度的根本要义。根据第二课堂课程项目供给内容的数据显示，创新创业类课程项目存在供给不足的问题。作为应用型高校，理应把第二课堂作为培养学生创业精神和创业能力的重要发力点。高校共青团应调控好各类型课程项目的供给数量，进一步增加创新创业类课程项目的供给数量，在引导学生有效参与的同时，积极对接"创青春""挑战杯"，以及"互联网＋"等国家级、省级大学生创新创业类的比赛，充分发挥第二课堂在优化学生知识结构、提升科研水平、培育创新意识、提高创业能力方面的优势。

（四）完善评价体系

当前，高校共青团"第二课堂成绩单"制度多采用信息技术平台对第二课堂课程项目开展情况进行客观记录与真实反映。应用型高校第二课堂评价坚持以应用型人才培养为导向，注重过程性评价与报告性评价相结合，引导大学生实现通识性与多样性的统一。一方面，坚持过程性评价，客观记录学生课程参与的真实情况。依据高校"第二课堂成绩单"课程体系，对学生课程的参与情况、表现、取得的成绩以及对课程呈现出的情感、态度等方面进行客观真实记录。同时，在记录过程中，要根据反映的情况适时对课程类型、内容、结构等进行反思、调整。另外，对第二课堂课程项目按照必修与选修、主干与非主干进行学分设置，使学生在进行第二课堂时更易操作。另一方面，坚持报告性评价，对学生参与第二课堂活动情况进行综合描述，对学生在第二课堂过程中能力的提升进行客观记录,形成报告性评价。第二课堂成绩单是高校共青团"第二课堂成绩单"制度的具象化体现,是第二课堂评价体系的反映,要综合规范、统一认证、注重实用。应用型高校形成的第二课堂成绩单要作为官方资料留档或与学生档案进行归档整理,在学生评奖评优、出国升学以及应聘求职过程中作为重要的参照依据。面向校内校外,全方位多层次地对高校共青团"第二课堂成绩"制度进行内容宣传、理念传播、用途推广,提高学生的应用实践能力。

六、第二课堂成绩单项目供给体系的案例

高校第二课堂素质教育的关键在于"打造课程"。结合高校实践调研结果,课程可以分成基础、拓展和进阶三方面:基础类课程通过优化课程内容,与第一课堂知识供给形成互补,着重解决学生能力获取的问题;拓展类课程通过打造课程平台,形成规模相对小而集中、内容相对精深的课程,着重解决学生能力锻炼的问题;进阶类课程通过打通高校与社会联结渠道,助推学生参与社会实践,着重解决学生能力展示的问题。通过课程内容的优化,推动课程体系整体升级。

典型案例:

河北建材职业技术学院"分层分类分阶段"第二课堂
课程项目体系探索

一、基本概况

2016 年,河北建材职业技术学院入选团中央高校共青团"第二课堂成绩单"试点院校。试点工作以来,学院基于高职院校人才培养目标,积极探索具有高职特点的"第二课堂成绩单"制度。学院党委高度重视,将教育部"现代学徒制"试点与团中央"第二课堂成绩单"试点作为高素质技术技能型人才培养的重要抓手与载体,将第二课堂有机嵌入人才培养体系

与教育教学改革框架。在制度体系建设上，学院先后下发了《"第二课堂成绩单"工作实施方案》《"第二课堂成绩单"学分认定及实施办法（试行)》《"第二课堂成绩单"网络管理系统使用规定》《"第二课堂成绩单"项目活动审核标准规范》《"第二课堂成绩单"项目活动检查指导意见》等文件，重新修订了《学生综合测评实施办法》《推荐优秀团员作为入党积极分子的实施办法》《大学生志愿服务认定实施办法》等文件，构建起了"第二课堂成绩单"一揽子制度体系。

学院采取咨询答疑、网络直播、培训宣讲等形式，多渠道多层次提升大学生"第二课堂成绩单"网络管理系统的应用能力，成立了院级领导小组、系部领导小组、团支部工作小组和学院第二课堂活动部的"3＋1"组织机构。团委增设第二课堂活动部（正科级岗位），推动第二课堂日常运营工作。同时，学院建立了第二课堂专项经费逐年增长机制，用于活动开展、教师指导以及第二课堂信息化建设等。

二、特色做法

河北建材职业技术学院借鉴第一课堂的工作模式与内在机理，针对大学生不同群体、不同阶段的需求，开展"分层分类分阶段"供给，实现素质教育的精准对接，夯实"第二课堂成绩单"课程项目体系建设。

1. "三纵"分阶段，精准对接阶段需求

河北建材职业技术学院在第二课堂人才培养中，第一学年重点做好"学校教育"，助力高中生到大学生的角色转换，开展大学适应性教育、校园文化植入、专业学习兴趣激发、大学学习方式方法的掌握、日常行为规范养成教育等，"第二课堂成绩单"课程项目更侧重思想引领、文体活动、志愿公益等大类活动；第二学年重点做好"职业教育"，助力在校生到实习工作者的角色转换，注重专业核心能力培养，社会实践能力塑造，综合能力养成教育，科技活动包括竞赛、实践项目等平台搭建和引导，"第二课堂成绩单"课程项目更侧重技能特长、工作履历等类型；第三学年重点做好"社会教育"，助力实习工作者到职业人的角色转换，注重专业拓展能力、社会融入能力、就业择业指导、职业生涯规划等，"第二课堂成绩单"课程项目更侧重实践实习、技能特长等大类活动。通过"三纵"分阶段课程项目供给，突出重点、侧重倾斜，精准对接大学生的阶段需求。

2. "七横"分类模块，精准对接能力提升

河北建材职业技术学院遵循"能力目标—类别统筹—项目匹配"的逻辑思路，做好"第二课堂成绩单"课程项目分类。首先，从学院人才培养的总目标出发，明确第二课堂要培养学生的思想政治修养、社会融入能力、责任服务意识、创新创业能力、文体素养、组织领导能力、精益求精的工匠精神等方面的能力目标。其次，在能力目标的基础上，做好大类统筹。将"第二课堂成绩单"课程项目划分为思想成长类、实践实习类、志愿公益类、创新创业类、文体活动类、工作履历类、技能特长类等七大类模块。再次，在第二课堂课程项目供给的落地实施中，自觉匹配，有效对接。

3. "公共＋特色项目"分层，发挥基层首创优势

学院将"第二课堂成绩单"课程项目进行分层设计，划分公共项目与特色项目。公共项目主要为院级项目，即提供给受教育群体的基础性、普适性、全局性的第二课堂课程项目，如主题团日、志愿服务等；特色项目主要为系部项目，即提供给受教育群体的个性化、特色化、针对性的项目，如专业技能竞赛、专业知识讲座、系部特色活动等。学院充分考虑系部专业特点及学生能力需求，鼓励系部设计专项能力提升的品牌特色项目，促进学生能力平衡发展的同时，体现各自专业人才培养目标。公共产品与特色产品形成大量、丰富的"第二课堂成绩单"课程项目表，努力实现多重覆盖，统一于学生的能力素质提升。

第三章

实现量化标准

——第二课堂成绩单制度学分制度体系

一、第二课堂成绩单学分制度体系的概念与内涵

活动的课程化要求课程学分的结构化，而课程学分的结构化既是学生对课程学习的量化过程，又是第二课堂信息化的前提条件。《意见》要求，对学生参与第二课堂要采取综合式、记录式等灵活多样的评价方式。此项要求落实在"第二课堂成绩单"制度中，即以显性、客观的课程学分量化扭转过去隐性、主观的活动评价标准，进一步凸显学分量化的主导作用。

以某高校"第二课堂成绩单"制度学分体系中的"创新实践"学分结构化为例，一是以必修学分的形式保障学生均衡能力培养，明确最低的课程修习标准。必修课包括四方面："校园活动""社会实践""志愿服务"和"学术研究"。二是以选修学分的形式满足学生个性化发展，突出课程的激励导向作用。选修学分可包含"学生竞赛""学干成长"等类别，引导学生积极参加学科竞赛和学生工作任职。同时，灵活学分获得模式，主要分为三种：一是"按次"获得制，以参与活动课程的次数计分；二是"申报—审批"获得制，以学术科研、学科竞赛、学生工作任职的发表等级、赛绩等级、任职等级分别予以学分区分，并采用申报—审批方式计分；三是"学时折算"获得制，以参与社会实践、志愿服务等长期活动的时长予以折算。此外，还需依据学生大学四年课程参与量的不同对学分获得量进行微调。

以学分结构化为基础的第二课堂是对过去素质拓展阶段第二课堂的升级，既有利于第一课堂教师将教学方法迁移至第二课堂，又有利于其他教育资源进入高校第二课堂的标准化，从而使得学分体系形成一个"过滤器"，将各类教育资源型塑为规范化、标准化的课程形态。

二、第二课堂成绩单学分制度内容体系

有学者指出，高等教育由于其产品的多样性、教育的非市场性和外在效应，以及投入的异质性，使得世界范围内的高等教育测量都相当谨慎。在具体实践中，由于影响学生素质能力生成的因素多元多样，学生在第二课堂的素质能力提升往往与其在第一课堂获取的知识能力密不可分。因此，想要独立地对第二课堂的有效性开展测评显得困难重重。正因存有这样的评价困境，更需要在理论和实践领域展开探索，结合学生现实表现、主观评价、跟踪观测的综合测量将会成为"第二课堂成绩单"制度的主流测评方法。

因此，各实施主体在第二课堂成绩单学分制度体系设计中包含的内容各不相同，主流内容主要有以下几点。

（一）思想成长类

主要包括国家级、省级、校级、院级组织的各类思想政治与道德素养类活动，如参加党校、团校、"青马工程"培训、"四进四信"活动、"与信仰对话"活动、践行"社会主义核心价值观"活动等。

（二）实践实习类

主要包括假期社会实践活动、专项社会实践活动及其他实践实习活动。假期社会实践包括利用寒暑假时间进行的社会实践活动，如学校、学院组织的"三下乡"活动、社会调查、生产实践、社会实习等。专项社会实践活动指国家、省级、校级、院级单位组织的各类专项社会实践活动。其他实践活动包括海外游学计划、海外交流等实践项目。

（三）志愿公益类

主要包括"大学生志愿服务西部计划"及支教助残、社区服务、法律援助、公益环保、赛会服务、海外服务等各类志愿公益活动。

（四）创新创业类

主要包括国家级、省级、校级、院级及行业协会组织的各级各类学术科技、创新创业竞赛活动以及发表论文、出版专著、取得专利等。例如，参加"挑战杯"课外学术科技作品竞赛、"创青春"大学生创业计划大赛、"互联网＋"大赛和各类学科竞赛；大学生创新性实验计划项目、大学生创新创业训练计划项目；独立主持或参与教师科研项目、参加学术交流活动、公开发表学术论文、获得发明专利、实用新型专利、外观专利、软件著作权、科技成果奖等。

（五）文体活动类

主要包括国家级、省级、校级、院级组织的各级各类文化、艺术、体育、人文素养等活动。例如，面向学生开展的全校（院）性人文、艺术类讲座、报告、演讲、征文、辩论、展览、书画、摄影、文化艺术节、重大文艺演出等各类校园文化活动。

（六）工作履历类

主要包括参加校级、院级团委和学生组织（学生会、青年志愿者协会、登记注册的社团、艺术团、广播台）担任学生干部以及开展勤工助学活动等。

（七）技能特长类

主要包括在校期间通过统一组织考试而获得的各类专业证书。包括政府、行业等组织或认定的通用水平考试成绩、职业资格证书等。英语方面如雅思、托福、CET—6、CET—4 等；计算机方面如计算机二级、三级证书，普通话等级证书，驾驶证及其他相关证书。

三、第二课堂成绩单学分制度体系的案例

通常，在高校人才培养原有框架中，有少量创新实践学分，其主要要求是学生参与一些课外活动拓展个人技能。《意见》中提到要"突出客观性、写实性、价值性、简便性，灵活采用记录式、学分式、综合式等评价方法"。在"第二课堂成绩单"制度的实际执行中，学分的量化主导作用是凸显的，其重要意义在于将过去对活动开展隐性、主观的评价标准显性化、客观化，从而将现在的活动课程由重形式变成重内容。

因此，我们可以借鉴第一课堂的学分模式，将原有的创新实践学分作为扩充，形成第二课堂的学分体系。这一学分体系要紧紧围绕两个主要原则：一是给予学生均衡的能力培养供给，这一部分以必修学分来体现。如某高校，将必修学分分成了"校园活动""社会实践""志愿服务""学术科研"四方面，在每方面要求学生有最低的修习标准。二是供给学生个性的发展空间，这一部分以选修学分来体现。如某高校，将选修学分分成了"学生竞赛"和"学干培养"两类，鼓励学生参与各类文体艺竞赛，鼓励学生担当学生干部。在区分了必修学分和选修学分的基础上，还需要形成适应性强、相对灵活丰富的学分类别。有三种类别的学分模式可以参考。一是按次获得制学分，第二课堂课程多为一次性固定短时间参与的活动课程，这种活动适宜按次计分；二是自主申报制学分，学术科研、学生竞赛、学干成长是具有等级差异的成长路径，发表等级、赛绩等级、任职等级，分别予以不同的学分区分并采用自主申报的审批方式；三是学时折算制学分，社会实践和志愿服务具有时间累加性，适宜以具体时间来折算。

综合而言，学分体系设计不仅满足了对学生学习的标准化记录，还能够通过学分类型和数量的设计构建一个精巧的指导体系，将具有差异性的课程完成标准统一化、嵌套化。

典型案例：

闽江学院"第二课堂成绩单"制度积分评定细则

根据《闽江学院"第二课堂成绩单"制度实施办法（修订）》，从2017级学生开始，本科生必须修满规定的"第二课堂成绩单"学分方可毕业，第二课堂和第一课堂成绩单一并装入毕业生档案。为使闽江学院"第二课堂成绩单"制度平台积分的评定更具科学性和可操作性，围绕"思想政治素养、公益志愿服务、社会实践能力、创新创业能力、校园文化活动"五大模块，修订闽江学院"第二课堂成绩单"制度积分评定细则。

思想政治素养模块积分评定细则

第一条　思想政治素养积分评定范畴主要包括学生入党、入团情况，学生参加党校、"储英班"、团校、青年马克思主义者培养工程培训班、"三会两制一课"等各类已入目录库的学生干部素质培训班或相关活动；党委组织部、宣传部、学生工作部（处）、校团委、马克思主义学院等部门，各学院，各级学生组织开展的思想政治教育类活动，以及各类学生干部履历情况。

第二条　积极向党组织（团组织）靠拢，撰写入党（入团）申请书，由学院党务秘书、团委书记综合考评合格后出具统一证明并盖章，学生个人上传证明材料后获得0.2积分。

第三条　参加学校的组织党校、"储英班"、团校、青年马克思主义者培养工程培训班，各种形式课程数量安排至少10次，每期课程结束后可上传"结业证书"申请获得2.0积分；参加学院的组织党校、团校、青年马克思主义者培养工程培训班（各学院需提前将各类培训工程报备校团委），每期课程结束后可上传"结业证书"获得1.2积分；课程结业评选活动中获得"优秀学员"称号的学生可另获得0.6积分（校级）、0.3积分（学院级）。

第四条　班级团支部书记、学生党支部书记负责主题团日活动、党日活动的整体策划，同时经辅导员授权针对组织成员开课，开课需提交活动整体策划方案，其经辅导员综合考评合格者，可获得0.4积分（一个班级仅限一学期开课一次，开课时指定负责人），组织成员由负责人综合考评合格后，可获得0.2积分。

第五条　参加党委组织部、党委宣传部、学工部（处）、校团委、马克思主义学院等学校职能部门，各学院，各级学生组织开展的思想政治教育类系列活动，参加一次可获得0.2积分。其中，参与一场"习近平总书记新时代中国特色社会主义思想专题报告"，撰写100字以上的学习心得提交评价栏，可申请获得0.4积分；参与一场"书记好党课（团课）专题报告"，撰写50字以上的学习心得提交评价栏，可申请获得0.3积分。

第六条　学生党支部、班集体、团支部、宿舍取得突出成绩受到学院以上组织表彰并授予荣誉称号的，按照国家级、省级、市级、校级、学院级，主要负责干部（由指导老师认定，主要干部一般不超过10人）分别可申请1.4、1.2、1、0.8、0.6积分，成员分别可申请0.6、0.5、0.4、0.3、0.2积分；受表彰的先进个人（如十佳大学生、闽院之星、十佳励志人物、优秀共产党员、三好学生、优秀学生干部、优秀共青团干部、优秀共青团员、优秀青年志愿者、优秀红十字志愿者、社会工作积极分子、宣传工作积极分子），按照国家级、省级、市级、校级、学院级，分别可申请1.2、1.0、0.8、0.6、0.4积分；参与各校级学生组织举办的评选活动（如社团工作积极分子、"储英班"优秀学员、团校优秀学员、青马班优秀学员、领袖训练营优秀学员、学生干部训练营优秀学员、青橙班优秀学员、自律会工作积极分子等），可申请0.6积分；参与各院级学生组织举办的评选活动（如学院社团工作积极分子、团校优秀学员、青马班优秀学员、卓越培训工程优秀学员、学院工作积极分子等），可申请0.3积分。此项可申请积分的目录以学校和学院已入档目录为主，不额外增加优秀学员加分目录。

第七条　参军退伍学生通过上传"退役证"，可申请2.0积分；见义勇为、舍己救人、扶残助弱、拾金不昧，可酌情申请积分，最高不超过

2.0积分；考虑到专升本班级的特殊性，在党课、团课的认证上，酌情判定。

第八条　各级学生干部包括学校团委会和学生会，各学院团委、学生会，各学生党支部、团支部、班委会、宿舍长（楼长），以及在校团委正式注册的校内各学生社团的主要学生干部。所有学生干部按照学校有关校纪校规的要求，组织开展积极向上的学生活动，取得显著成绩的，均可申请本细则规定的积分。相应的积分根据其在组织活动中的不同职责和活动效果，参照《闽江学院本科学生综合素质测评实施办法》（2016年修订）社会工作划分为以下九级：

1. 担任校团委副书记（学生）、校学生会委员会主席，任期满一年，且综合考评合格者可申请2.0积分。

2. 担任校团委各职能部门部长、校学生会委员会副主席（其他校级学生组织正职），任期满一年，且综合考评合格者可申请1.6积分。

3. 担任校团委各职能部门副部长、其他校级学生组织副职（副主任、副站长、副主席），学院团委副书记（学生）、学生委员会主席，任期满一年，且综合考评合格者可申请1.4积分。

4. 担任校级学生组织下属部门正职，学院团委各职能部门部长、学生委员会副职（其他学院级学生组织正职），任期满一年，且综合考评合格者可申请1.2积分。

5. 担任校级学生组织下属部门副职，其他学院级学生组织副职（副主任、副站长、副主席），班长、团支部书记，学生党支部书记，任期满一年，且综合考评合格者可申请1.0积分。

6. 担任各学院学生组织下属部门正职，学生社团负责人，任期满一年，且综合考评合格者可申请0.9积分。

7. 担任各学院学生组织下属部门副职，副班长、团支部副书记，学生党支部副书记，学生社团第二负责人，任期满一年，且综合考评合格者可申请0.8积分。

8. 担任班级两委委员、学生党支部委员，学生社团下属部门正职，任期满一年，且综合考评合格者可申请0.7积分。

9. 担任校团委、校学生委员会，各学院团委、学生委员会干事，学生舍长（区长、层长、楼长），任期满一年，且综合考评合格者可申请0.6积分。

第九条 学生需在每学年第一学期初一个月内，记录前一学年的学生工作经历，同一学年身兼数职的学生干部，不同职位得分不予累计，可选取前一学年中得分最高项计算；毕业时可将每学年认定得分进行加总；工作考评不合格者，不能申请该项积分。

第十条 学生干部履历积分评定根据"谁主管谁考评"的原则，具体如下：

1. 校级学生组织的学生干部工作考核由校团委组织评定。

2. 学院级学生组织的学生干部工作考核由学院团委组织评定。

3. 学生社团的学生干部工作考核由校团委组织评定。

第十一条 每位同学学生干部履历的积分不少于0.6个积分。

第十二条 学生参加经申报、审查及认定后的"社团课程化"课程（思想政治素养类），通过上传社团课程化结业初级、中级、高级证书获得相应积分。其中，初级班课程数为8次16课时，认定积分为1.6积分；中级班课程数为12次24课时，认定积分为2.4积分；高级班课程数为16次32课时，认定积分为3.2积分。报校团委审核通过，每个类型开课时数不足的情况下，按照每次课程0.2积分计算，超过每个类型开课的时数，按照开课类型认定核定最高积分数认定。

第十三条 本细则的最终解释权归属校团委。

公益志愿服务模块积分评定细则

第一条 本细则中所指的志愿者应为闽江学院注册志愿者。志愿者需按照规定程序，在"福建志愿者"综合信息平台上进行登记注册并参加志愿者服务活动和志愿者培训。未经注册的志愿者将无法认定志愿者服务时长及志愿服务类积分。

第二条　志愿服务，是指志愿者、志愿服务组织和其他组织自愿、无偿向社会或者他人提供的公益服务。

第三条　志愿者，是指以自己的时间、知识、技能、体力等从事志愿服务的自然人。

第四条　在各类学生组织所开展的活动中，组织内部人员在其本职范围内的活动不属于志愿者服务范畴；学生组织成员在组织开展志愿服务项目期间，以志愿者身份参加的，认定为志愿服务范畴。

第五条　志愿时数认证应当做到客观、公正、科学、及时。严禁弄虚作假，坚决抵制多报、虚报。凡发现弄虚作假获得志愿服务积分的，取消该项目所得分值，予以相应的处分，并对有关责任人按有关规章制度处理。

第六条　各项志愿服务活动在招募志愿者前，需提交申请并经校团委通过审核。（特殊情况除外）

第七条　获评过校级及以上的志愿服务品牌项目，在认定程序上予以优先审核通过。

第八条　公益志愿服务积分主要采用直接参与获得和服务时长认证获得。

第九条　公益志愿服务活动直接参与获得积分是指由公益志愿服务活动的组织者负责活动发布，参加活动且综合考评合格者，可按实际志愿服务时长申请积分；校园清洁美化活动、运动会以及其他校内志愿服务活动统一按照实际工作时间认定服务时长，不再进行开课发布。

第十条　公益志愿服务的申报、时长的认证工作由校团委下设的闽江学院大学生志愿者活动中心负责，将证明材料上传至"第二课堂成绩单"信息平台系统可获得相应积分。

认证程序为：申报—审核—通过—开展—时长认定。

（一）常规志愿服务项目

各机关部处、各学院、各级学生组织在每学期开学的一个月内，向校团委申报常规志愿服务项目，审核通过后纳入校团委志愿服务项目库的目录，予以认证。

（二）非常规志愿服务项目

非常规志愿服务项目需至少提前一天向校团委相关模块指导老师提交申请，经校团委审核通过后，予以认证。

（三）出国交换生

出国交换生可凭志愿者证书等相关认证材料向校团委申请相应的服务时长数，根据该活动性质、内容、意义予以审批。

（四）其他情况

个人参与校外志愿者活动可凭相关证明（主要落款盖章为团省委、团市委、团县委、街道办事处等）和志愿汇的证明材料向校团委申请相应的服务时长。

第十一条　志愿服务时长为实际服务时长，以小时为计量单位，超过半小时的按一小时计算，未超过半小时的按照半小时计算，有特殊情况的除外。每半天参与志愿服务活动超过 4 小时以上的，按照 4 小时上限认定；每天参与志愿服务活动超过 8 小时以上的，按照 8 小时上限认定；参与志愿服务活动超过 5 天的，按照 40 小时上限认定。

第十二条　志愿服务活动积分加分标准为 0.05 分/小时；志愿者服务时长累计达 40 小时，即可申请志愿服务 2.0 积分。

第十三条　为防止篡改认证时间行为，附件 1《闽江学院志愿活动服务时数证明材料》的"认定时长"两栏一律严格按照大写的汉字数字（壹、贰、叁、肆、伍、陆、柒、捌、玖、拾）书写登记，否则不予认证；在志愿服务时长认证过程中，存在弄虚作假、伪造认证的志愿者组织和个人，给予通报批评并取消认定资格和获奖资格。

第十四条　第二课堂认证所需上传的证明材料，按照《闽江学院志愿活动服务时数证明材料》进行相关信息的填写，并上交活动项目申报材料，到指定地点（闽江学院青年志愿者之家）审核认定。

第十五条 加强对全校志愿活动的管理，严格规范志愿服务时长认证工作，各机关部（处）、各学院需遵守相关规定，保证志愿服务时长认定工作的公平，公正，营造良好的志愿服务氛围。

第十六条 有下列情形之一者，志愿服务时长不予认证：

1. 未经申报，审核认定通过，自行开展的活动，不予认证时长。

2. 不属于学生志愿服务活动范畴，属于各级学生组织、协会（社团）职责范围内的工作（如摆点、值班、活动场地打扫等隶属本职工作），不予认证时长。

3. 志愿服务活动申报内容与实际活动信息不符，经校团委审查，不予认证时长。

4. 在活动过程中志愿者态度消极、懒散，不符合志愿服务行为规范，经校团委审查，酌情认证时长。

5. 各类讲座、演出、培训、竞赛活动的观众，不予认证志愿服务时数。

6. 寒假社会实践、暑期社会实践，不进行志愿服务时长认证。

第十七条 其他未尽事宜，参照以上细则执行，经校团委审核通过后，予以认证。

第十八条 本细则的最终解释权归属校团委。

社会实践能力模块积分评定细则

第一条 社会实践主要是指暑期大学生"三下乡"社会实践活动、寒假社会实践及其他日常实践活动的经历，参加与港澳台及国际交流访学的经历。教学安排中的国（境）内外学习交流计划不属于社会实践。

第二条 参与学校统一组织的暑期、寒假社会实践活动，在实践活动结束后（开学初）的一个月内，上传《闽江学院学生社会实践活动考核登记表》、实践照片若干张，综合考评合格者每次可获得 1.5 积分；参与学院组织的暑期、寒假社会实践活动，上传《闽江学院学生社会实践活动考核登记表》、实践照片若干张，综合考评合格者每次可获得 1 积分；自主参与寒暑假社会实践及其他实践活动，撰写并上传调研报告 1 篇（不少于1500 字），每次可获得 0.5 积分。

第三条　参加与港澳台及国际交流访学，撰写调研报告 1 篇（不少于1500 字），并上传行程安排佐证材料，行程安排在 7 天以内（含 7 天），每次可获得 1.0 积分，行程安排在 7 天以上的，每次可获得 2.0 积分。

第四条　社会实践活动应于第六学期暑假结束前完成，学生按规定参加社会实践活动并提交相关相应调研报告，将获得相应的学分；如不能按时上交，将不授予积分。

第五条　如遇特殊情况不能按时完成社会实践环节的学生，可向学院团委提出延期申请并上报相关说明材料至校团委，若情况属实，可酌情推迟其社会实践积分认定。

第六条　参军退伍学生通过上传"退役证"，可申请 2 积分。

第七条　学生参加经申报、审查及认定后的"实践课程化"（课程培训＋实地实践），通过上传"实践课程化"结业证书获得相应积分。其中，课程数为 8 次 16 课时，认定积分为 1.6 积分；课程数为 12 次 24 课时，认定积分为 2.4 积分；课程数为 16 次 32 课时，认定积分为 3.2 积分。报校团委审核通过，每个类型开课时数不足的情况下，按照每次课程 0.2 积分计算，超过每个类型开课的时数，按照开课类型认定核定最高积分数认定。

第八条　校团委为此积分主管部门，负责该积分的审核确认。

第九条　本细则的最终解释权归属校团委。

创新创业能力模块积分评定细则

第一条　创新创业能力的培养主要通过学生参与学术科研活动，参与高水平的创新创业能力大赛，创新创业系列活动等方面实现。学生学术科研活动分为学术讲座、学科竞赛、项目研究和论文发表、专利发明，其中学科竞赛是指由政府部门、学校或其他社会组织举办的、与本科专业教学关系紧密的大学生课外竞赛活动，包括由国家、省（直辖市）有关主管部门及国家教学指导委员会、企业或行业协会（学）、各类机构、部门、单位以及学校，或者联合国教科文组织或其他国际学术团体组织的，在校大学生参加的常设性学科竞赛。项目研究具体是指由学工部（处）、校团委、教务处、科研处、创新创业学院等部门组织，各学院积极开展实施的学术科研活动。学术科研活动为必修课内容，属于学术科研平台，单项不设积分上限。

第二条　听取学校相关专业学术讲座或报告，按以下办法进行积分评定：

1. 参与纳入《闽江论坛》和《教授大讲堂》的学术讲座，撰写100字以上的学习心得提交评价栏，可申请0.4积分。

2. 参与纳入学院品牌讲坛的学术讲座，撰写50字以上的学习心得提交评价栏，可申请0.3积分。

3. 学生参与普通学术讲座，可获得0.2积分。

第三条　学生参加国家级及以上、省部级、校级、院级等学科竞赛、高水平创新创业大赛按以下等次申请积分：

（一）学科竞赛

1. 参加国家级及以上学科竞赛。

（1）个人项目一等奖（或第一名）获得者可申请2.0积分；集体项目一等奖（或第一名）获得者，负责人可申请2.0积分，其他参与成员可申请1.8积分。

（2）个人项目二等奖（或第二、第三名）获得者可申请1.8积分；集体项目二等奖（或第二、第三名）获得者，负责人可申请1.8积分，其他参与成员可申请1.6积分。

（3）个人项目三等奖（或第四至第八名）获得者可申请1.6积分；集体项目三等奖（或第四至第八名）获得者，负责人可申请1.6积分，其他参与成员可申请1.4积分。

（4）个人项目优秀奖获得者可申请1.4积分；集体项目优秀奖获得者，负责人可申请1.4积分，其他参与成员可申请1.2积分。

2. 参加省部级学科竞赛。

（1）个人项目一等奖（或第一名）获得者可申请1.6积分；集体项目一等奖（或第一名）获得者，负责人可申请1.6积分，其他参与成员可申请1.4积分。

（2）个人项目二等奖（或第二、第三名）获得者可申请1.4积分；集体项目二等奖（或第二、第三名）获得者，负责人可申请1.4积分，其他参与成员可申请1.2积分。

（3）个人项目三等奖（或第四至第八名）获得者可申请1.2积分；集体项目三等奖（或第四至第八名）获得者，负责人可申请1.2积分，其他参与成员可申请1.0积分。

（4）个人项目优秀奖获得者可申请1.0积分；集体项目优秀奖获得者，负责人可申请1.0积分，其他参与成员可申请0.8积分。

（5）参加竞赛但未获奖者，个人参加者可申请0.8积分；集体参加者，负责人可申请0.8积分，其他参与成员可申请0.6积分。

3. 参加校级学科竞赛。

（1）个人项目一等奖（或第一名）获得者可申请1.2积分；集体项目一等奖（或第一名）获得者，负责人可申请1.2积分，其他参与成员可申请1.0积分。

（2）个人项目二等奖（或第二、第三名）获得者可申请1.0积分；集体项目二等奖（或第二、第三名）获得者，负责人可申请1.0积分，其他参与成员可申请0.8积分。

（3）个人项目三等奖（或第四至第八名）获得者可申请0.8积分；集

体项目三等奖（或第四至第八名）获得者，负责人可申请0.8积分，其他参与成员可申请0.6积分。

（4）个人项目优秀奖获得者可申请0.6积分；集体项目优秀奖获得者，负责人可申请0.6积分，其他参与成员可申请0.4积分。

（5）参加竞赛但未获奖者，个人参加者可申请0.4积分；集体参加者，负责人可申请0.4积分，其他参与成员可申请0.2积分。

4. 参加院级学科竞赛。

（1）个人项目一等奖（或第一名）获得者可申请0.8积分；集体项目一等奖（或第一名）获得者，负责人可申请0.8积分，其他参与成员可申请0.6积分。

（2）个人项目二等奖（或第二、第三名）获得者可申请0.6积分；集体项目二等奖（或第二、第三名）获得者，负责人可申请0.6积分，其他参与成员可申请0.4积分。

（3）个人项目三等奖（或第四至第八名）获得者可申请0.4积分；集体项目三等奖（或第四至第八名）获得者，负责人可申请0.4积分，其他参与成员可申请0.3积分。

（4）个人项目优秀奖获得者可申请0.3积分；集体项目优秀奖获得者，负责人可申请0.3积分，其他参与成员可申请0.2积分。

（5）参加竞赛但未获奖者，个人参加者可申请0.2积分；集体参加者，负责人可申请0.2积分，其他参与成员可申请0.1积分。

（二）高水平创新创业大赛

高水平创新创业大赛包括学生中国"互联网＋"大学生创新创业大赛、"挑战杯"大学生课外科技作品竞赛和"创青春"全国大学生创业大赛。学生参与高水平创新创业大赛可参照以下标准申请相应积分：

1. 参加国家级及以上高水平创新创业大赛。

（1）金奖（或一等奖及以上）获得者，负责人可申请4.0积分，其他参与成员可申请3.6积分。

（2）银奖（或二等奖）获得者，负责人可申请3.6积分，其他参与成员可申请3.2积分。

（3）铜奖（或三等奖）获得者，负责人可申请3.2积分，其他参与成员可申请2.8积分。

2. 参加省部级高水平创新创业大赛。

（1）金奖（或一等奖及以上）获得者，负责人可申请3.2积分，其他参与成员可申请2.8积分。

（2）银奖（或二等奖）获得者，负责人可申请2.8积分，其他参与成员可申请2.4积分。

（3）铜奖（或三等奖）获得者，负责人可申请2.4积分，其他参与成员可申请2.0积分。

（4）优秀奖获得者，负责人可申请1.8积分，其他参与成员可申请1.4积分。

（5）参加竞赛但未获奖者，负责人可申请1.2积分，其他参与成员可申请0.8积分。

3. 参加校级高水平创新创业大赛。

（1）金奖（或一等奖及以上）获得者，负责人可申请2.0积分，其他参与成员可申请1.6积分。

（2）银奖（或二等奖）获得者，负责人可申请1.6积分，其他参与成员可申请1.2积分。

（3）铜奖（或三等奖）获得者，负责人可申请1.2积分，其他参与成员可申请0.8积分。

（4）优秀奖获得者，负责人可申请0.8积分，其他参与成员可申请0.6积分。

（5）参加竞赛但未获奖者，负责人可申请0.6积分，其他参与成员可申请0.4积分。

4. 参加学院级高水平创新创业大赛。

（1）金奖（或一等奖及以上）获得者，负责人可申请 1.2 积分，其他参与成员可申请 0.8 积分。

（2）银奖（或二等奖）获得者，负责人可申请 1.0 积分，其他参与成员可申请 0.8 积分。

（3）铜奖（或三等奖）获得者，负责人可申请 0.8 积分，其他参与成员可申请 0.6 积分。

（4）优秀奖获得者，负责人可申请 0.6 积分，其他参与成员可申请 0.4 积分。

（5）参加竞赛但未获奖者，负责人可申请 0.4 积分，其他参与成员可申请 0.2 积分。

第四条　学生参加除高水平创新创业大赛之外的各类创新创业大赛、就业类竞赛参照学科竞赛标准申请相应积分。

第五条　学生参与项目研究的课题，凡能够按时按规定完成项目研究、顺利结题的项目，可通过上传结题证书，按照项目级别及参与角色申请相应积分。其中国家级项目负责人及项目其他参与成员可分别申请 1.8 积分和 1.4 积分；省部级项目负责人及项目其他参与成员可分别申请 1.6 积分和 1.2 积分；校级项目负责人及项目其他参与成员可分别申请 1.2 积分、0.8 积分。

第六条　论文发表所指论文需是在公开发行刊物上正式发布的学术论文，根据国际学术刊物、核心期刊、其他学术期刊、学术会议论文集（需有书刊号）的不同级别，以及参与角色可申请相应积分。其中国际学术刊物的唯一作者，第一作者以及第二、第三作者可分别申请 4.0、3.6、3.2 积分；南大、北大核心刊物的唯一作者，第一作者以及第二、第三作者可分别申请 3.2、2.8、2.4 积分；其他学术期刊的唯一作者，第一作者以及第二、第三作者可分别申请 1.2、0.8、0.4 积分；学术会议论文集的唯一作者，第一作者以及第二、第三作者可分别申请 1.2、0.8、0.4 积分。专利发明主要包括：发明专利第一作者以及第二、第三作者可分别申请2.4、2.0、1.6积分，实用新型、外观设计专利、软件著作权专利第一作者以及第二、第三作者可分别申请1.2、1.0、0.8积分。

第七条 同一负责人的多项科研项目结项，可累计加分；同一作者的多篇不同论文发表可累计加分；同一作品既参与项目研究且发表论文，可累计加分；同一论文在不同期刊上重复发表，不累计加分，以最高分计；同一项目参加不同级别的项目研究，不累计加分，以最高分计。若本类积分累计超过2.0积分，则按2.0积分计。

第八条 学生本人注册企业并担任企业法人，可上传营业执照申请2.0积分。

第九条 学生考取各类职业资格证书，按以下标准申请相应积分：

1. 考取国家职业资格证书（目录内），按照初级、中级、高级标准可分别申请获得0.6积分、0.8积分、1.0积分。

2. 考取英语专业八级证书可申请1.2积分，英语专业四级证书可申请1.0积分；四、六级证书（425分及以上）可分别申请0.8积分、1.0积分；网络化托福考试（TOEFL－iBT）（听说读写）55分及以上可申请1.0积分；雅思测验（IELTS）4分及以上可申请1.0积分；剑桥商务英语证书（BEC），按初级、中级、高级标准可分别申请获得0.6积分、0.8积分、1.0积分；全国翻译专业资格（水平）考试CATTI，按三级、二级可分别申请获得0.8积分、1.0积分；日语N1、N2、N3证书可分别申请1.2积分、1.0积分和0.8积分；计算机一级、二级、三级证书可分别申请0.6积分、0.8积分和1.0积分；普通话水平测试等级证书（二级乙等及以上）可申请0.6积分。

第十条 艺术类学生作品发布会及汇报演出，按以下标准申请相应积分：

1. 主办个人专场音乐会，可申请4.0积分。

2. 主办个人专题画展，可申请4.0积分。

3. 主办个人作品发布会，可申请 4.0 积分。

4. 主办 2 人专场音乐会，可申请 2.0 积分。

5. 主办 2 人专题画展，可申请 2.0 积分。

6. 主办 2 人作品发布会，可申请 2.0 积分。

第十一条　学生参加经申报、审查及认定后的"社团课程化"课程（创新创业就业类），通过上传社团课程化结业初级、中级、高级证书获得相应积分。其中，初级班课程数为 8 次 16 课时，认定 1.6 积分；中级班课程数为 12 次 24 课时，认定 2.4 积分；高级班课程数为 16 次 32 课时，认定 3.2 积分。经校团委审核通过，每个类型开课时数不足的情况下，按每次课程 0.2 积分计算，超过每个类型开课时数，按开课类型认定核定最高积分数认定。

第十二条　允许聘请学生担任社团课程化助教，协助老师开课、讲课，按 0.4 积分/次申请，最多可申请认定 1.6 积分。

第十三条　本细则所涉及的科研项目与学术期刊的性质及等级均须在科研处或创新创业学院指导下，学生需要准备好相关证明材料，在规定时间内提交申请。

第十四条　本细则所涉及的发表论文，须为本科在校期间所发表的作品，且均以正式发表为准。

第十五条　本细则的最终解释权归属校团委和创新创业学院。

校园文化活动模块积分评定细则

第一条　凡参与校团委、各学院团委、各校级学生组织及在校团委正式注册的各类学生社团组织的，面向学生开展校园文化活动的参与者可申请获得本细则所规定的积分。

第二条　学生参加校园文化活动是指学生成功选课（活动）、参与课程（活动），并完成课程（活动）评价。活动中途退出者不计积分。

第三条　经认定的活动组织者（主要指活动工作人员）及参与者（主

要指上台表演人员）获同等积分，同一活动双重身份不予累计；除参与校园文化活动中文化艺术类、体育锻炼类、体育竞技类、心理健康类课程的观众不获得积分外，其他活动（如大型讲座）观众可获得相应积分。

第四条 校园文化活动积分根据活动的形式、内容、规模及效果，按以下具体规定获得：

1. 积极参与学校核准后的校园文化艺术类活动，参加一次活动，可获得0.2积分。

2. 积极参与学校核准后的体育锻炼类活动，参加一次活动，可获得0.2积分。

3. 积极参与学校核准后的体育竞技类活动，参加一次活动，可获得0.2积分。

4. 积极参与学校核准后的心理健康类活动，参加一次活动，可获得0.2积分。

第五条 学生参加国家级及以上、省部级、校级、学院级等校园文化活动竞赛按以下等次申请积分：

名次	获奖等级	国家级及以上竞赛（A类）	国家级及以上竞赛（B类）	省级竞赛（A类）	省级竞赛（B类）	市级竞赛（A类）	市级竞赛（B类）	校级竞赛（A类）	校级竞赛（B类）	院级竞赛
1	一	2.0	1.8	1.8	1.6	1.6	1.2	1.2	1.0	0.6
2~4	二	1.8	1.6	1.6	1.4	1.4	1.0	1.0	0.8	0.6
5~8	三	1.6	1.4	1.4	1.2	1.2	0.8	0.8	0.6	0.4
鼓励奖		1.4	1.2	1.2	0.8	0.8	0.6	0.6	0.4	0.2
参赛但未获奖							0.2	0.2	0.1	
注：同等级别集体项目加分在同等级别个人项目上递减0.2积分										

第六条 学生参加经申报、审查及认定后的"社团课程化"课程（校园

文化活动），通过上传社团课程化结业初级、中级、高级证书获得相应积分。其中，初级班课程数为 8 次 16 课时，认定 1.6 积分；中级班课程数为 12 次 24 课时，认定 2.4 积分；高级班课程数为 16 次 32 课时，认定 3.2 积分；经校团委审核，每个类型开课时数不足的情况下，按每次课程 0.2 积分计算，超过每个类型开课的时数，按开课类型认定核定最高积分数认定。

第七条　允许聘请学生担任社团课程化助教，协助老师开课、讲课，按 0.4 积分/次申请，最多可申请认定 1.6 积分。

第八条　本细则的最终解释权归属校团委。

第四章

实现测量评估

——第二课堂成绩单制度信息系统体系

"第二课堂成绩单"精准地记录了每个学生的成绩及评价，这需要相对独立且系统高效的网络数据运行平台作为技术支撑。据不完全了解，目前全国还很少有高校为"第二课堂成绩单"专门建立网络运行系统，这需要学校层面投入人力、物力、财力来完成，以保证"第二课堂成绩单"运行的硬件条件。

"第二课堂成绩单"网络运行系统的设计需要着重考虑两方面的问题：一方面是可操作性。系统的功能需包括公告通知、项目申请、实施效果、考核记录、学分认证、成绩单制作、综合评价等模块，能够简单方便操作，同时又能够实时有效地反映出学生参与项目的经历及效果，翔实记录和科学分析每位同学的第二课堂开展情况。另一方面是可参与性。"第二课堂成绩单"面对的群体基本上是"95 后"，喜爱和充分利用新媒体、自媒体是他们的特点，设计的网络运行系统也应充分考虑到他们的兴趣、爱好和需求，尽量做到与微信、QQ 等新媒体的互融互通，同时还可以多融入一些同学们学习、生活的功能，使之成为学生在校期间的一种必备工具。

一、第二课堂成绩单信息系统体系的概念与内涵

关于第二课堂项目建设信息化、系统化的研究，美国部分高校采用的是以事务为驱动的第二课堂管理方式，第二课堂建设信息管理系统设计思维运用的是信息管理与信息系统技术方面的专家詹姆斯·马丁（James Martin）提出"以数据为中心"的方法。而英国高校的第二课堂建设管理系统在开发设计中则更加遵循以学生为重点的规律。总的来说，国外高校第二课堂建设

管理工作主要借助信息化管理，再运用相关方法或者模型处理工作中的各种信息数据，这是高校获得学生信息、服务学生成长的重要途径。

我国第二课堂信息化的建设起步较晚，绝大部分高校仍然采用人工模式，部分高校已根据本校实际设计了第二课堂信息管理系统，如江苏省部分高校的大学生成长服务网络平台等，引入了总括素质教育十大平台、同济大学使用的"Itongji – S"平台等，但从实际情况看以人工录入管理为主，尚未实现信息化、智能化，存在数据统计烦琐、数据共享能力不强、查询不便、学生参与差、评价机制弱、数据安全差等问题，工作量大，可持续性弱。借助第一课堂教学管理中成绩单的机制，以高校"第二课堂成绩单"为导向，运用信息管理的思想和技术，开发基于微信服务号的信息管理系统，可使高校第二课堂工作更加规范化、系统化、科学化。

（一）管理系统结构设计可行性

1. Web 应用

运用 Web 应用技术能把信息管理系统的数据保存到服务器，系统管理员用户通过浏览器端就可以实现"第二课堂成绩单"信息管理系统所有功能，符合"第二课堂成绩单"简洁、高效的系统要求。

2. 微信服务号端

随着移动智能终端的普及，系统用户采用微信服务号和微信端 H5 页面应用设计就可以实现"第二课堂成绩单"信息管理系统所有的信息接收、信息审核、信息查看、信息评价等"轻应用、轻决策"的操作，无须安装任何软件，符合"第二课堂成绩单"轻便、易用的系统要求。

3. PHP 开发语言和 MySQL 数据库

PHP 是一种信息管理系统开发语言，它能实现在服务器端执行嵌入 HTML 文档的脚本，功能强大且兼容性强；MySQL 则可以将系统管理数据储存在各自的表中，灵活性高，便捷性强，能够处理信息管理系统中二维数据间的联系。

（二）系统总体设计与概要

高校"第二课堂成绩单"是对学生第二课堂项目经历和社会工作履历的客观记录和权威证明，高校"第二课堂成绩单"信息管理系统是组织管理、活动管理、成绩单管理、统计分析、信息传输等为一体的多功能、高效率、智能化管理平台。该平台由内容模块、业务流程模块、关系模块三个主要部分构成。其中内容模块主要明确信息范围，业务流程模块可以完成对信息的处理等操作，关系模块则负责构建不同信息之间的链接。

1. 内容模块

内容模块信息构成如图4-1所示。其中，组织权限信息管理是系统顺利实施的基础，系统设计了学校、学院、社团三级权限。第二课堂活动管理、学生工作经历管理、学生荣誉记录管理及学生培训经历管理，客观记录学生第二课堂经历和社会工作履历，是系统的核心模块。第二课堂成绩单由学生职务经历、获奖经历、志愿公益、培训经历、报告讲座、成绩认证等几部分报表组成，是系统的最终生成产品。智能统计分析模块通过对学生、活动、组织三大数据进行收集挖掘和统计分析，提供大数据分析功能，帮助学生了解自身优势，弥补自身不足，同时为学校管理部门提供工作评价、决策决定参考。

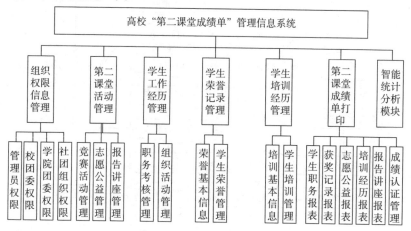

图4-1 系统内容模块

2. 业务流程

业务流程一般采用业务流程图来表示，用一些特定的符号、连线等来表示某个具体的业务操作过程。不同的第二课堂活动或项目业务流程和评价方式差别较大，但基本思路一致，下面以竞赛类第二课堂项目活动为例，来说明基于微信服务号的高校"第二课堂成绩单"信息管理系统业务流程设计流程。具体如图4-2所示，竞赛类第二课堂项目流程分为以下几个步骤：

（1）主/承办单位负责发布第二课堂活动信息。

（2）学院负责人或指导老师审核第二课堂活动信息。

（3）第二课堂活动显示在微信端，学生可见，并能选择活动进行报名。

（4）主/承办单位负责人线下举办活动，报名者参与。

（5）主/承办单位负责人录入学生获奖信息。

（6）学院负责人或指导老师审核学生获奖信息。

（7）学生查看获奖情况，并进行对活动组织情况进行评价打分。

（8）打印学生"第二课堂成绩单"。

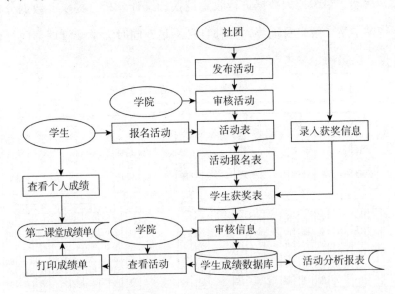

图4-2　业务流程设计图

3. 关系模块

高校"第二课堂成绩单"信息管理系统关系模块涉及对第二课堂活动模块划分、活动设计、活动审核、信息发布、过程管理和效果评价，及对发起第二课堂活动的学生组织进行管理、监督、考核和评价，对学生参与第二课堂活动进行记录、评价和认证，并自动生成"第二课堂成绩单"。各个流程业务之间并不是独立单一存在的，而是动态相互有机联系的，具体如图 4-3 所示。在系统中，活动是隶属于组织的，却面向全体学生；学生是隶属于组织的，同样可以参加所有活动；组织可以发布活动，并可对隶属学生进行管理。组织、活动、学生的关系发生是通过数据传送为"第二课堂成绩单"提供数据来源。

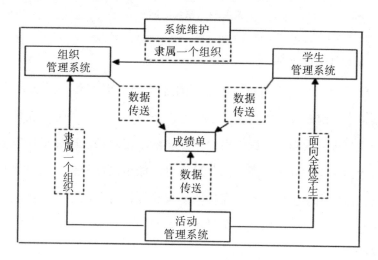

图 4-3　关系模块

（三）系统设计与技术实现

1. 数据库设计

高校"第二课堂成绩单"信息管理系统的数据库结构及其关系如图 4-4 所示，其中二级学院团委、学生社团、活动信息、学生信息为系统的主要信息。社团信息表通过所属学院 ID 与学院团委信息一对多映射，学生信息通过所属学院 ID 与社团信息表一对多映射，活动信息通过所属学院 ID 与学生信息表一对多映射。这样的数据库设计能够保证系统联合查询，方便后期管理与数据统计。系统管理人员信息表记录着系统工作人员的登录及其操作，与系统主体内容无关，因此没有它们之间相互的关联。

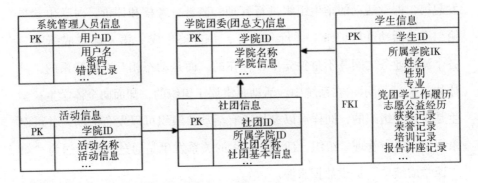

图 4 - 4　系统数据库

2. 系统 UML 设计

高校"第二课堂成绩单"信息管理系统的 UML（统一建模语言）主要有学生表、组织表、活动表三个模型，并包括了相应的基本属性。从学生表中通过报名操作可以派生出学生参与活动记录表，通过担任职务操作可以派生出学生职务表，通过评分操作可以派生出评分表，通过参与培训操作可以派生出学生培训表，通过团队报名操作可以派生出团队表，通过添加荣誉操作可以派生出学生荣誉表。组织表可以派生出管理员、学校团委、学院、社团相应的组织表。

（四）系统实际运行测试

基于微信服务号的高校"第二课堂成绩单"信息管理系统设计完成后，在 2016 年 9 月，选择了合肥工业大学进行试运行，在历经近三年的试运行中，做了大量的纠偏和迭代，基本实现设计功能，提高了工作效率，规范了日常工作。测试截图如图 4 - 5 所示。

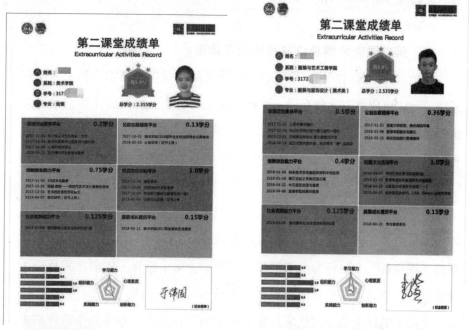

图 4-5 管理端系统测试

　　基于微信服务号的高校"第二课堂成绩单"信息管理系统对高校第二课堂工作进行了有效的梳理，以高校"第二课堂成绩单"为导向，以微信服务号为载体，实现了系统设计与开发，建立了科学化、可量化的第二课堂活动评价机制，提升了基层组织工作活力和第二课堂活动质量，扩大了团学活动的覆盖面和影响力，增强了工作的规范性、系统性、科学性，具有一定的现实意义和可推广价值。

二、第二课堂成绩单信息系统内容体系

在相当长一段时间内，第二课堂所依托的校园信息技术大体上为单向系统，无法形成教与学的互动。"第二课堂成绩单"制度必须厘清信息系统的各种逻辑，一方面保障"第二课堂成绩单"制度信息系统的基本运行，另一方面支撑第二课堂对学生素质培养效果测量评估的核心价值。"第二课堂成绩单"制度的信息系统设计主要遵循三种逻辑。

一是教育主体的行为逻辑。从学生视角看，主要行为是选课、签到及评价；从组织者视角看，主要行为是申请开课、学生签到、学分给予；从管理者视角看，主要行为是审批和系统维护。单个教育主体的流程环节不重叠且不连续，但需与其他教育主体的流程环节共同构成"线性"关系。这一关系上的每个节点即代表信息系统中的设计节点，相邻两个节点的关系需体现信息供给和被供给的关系。

二是流程的时间逻辑。单个教育主体的流程运行需要时间，各个教育主体的流程运行也需要时间，即在同一个信息系统中，一般会有多条时间线同时推进。因此，在信息系统设计过程中应注意系统容量的问题，避免造成系统混乱与数据冗余。

三是流程的管理逻辑。在流程运行过程中，还需在"审批监控""课程报名""选课签到"及"课后评价"四个关键环节上设置监控和惩戒措施。

三、第二课堂成绩单信息系统的案例

典型案例：

闽江学院第二课堂成绩单管理平台微信端教师操作手册

1. 账号登录

关注学校第二课堂官方微信公众号，选择右上角【我是教师】，在登

录页输入正确的账号和密码或手机号、密码，完成登录。

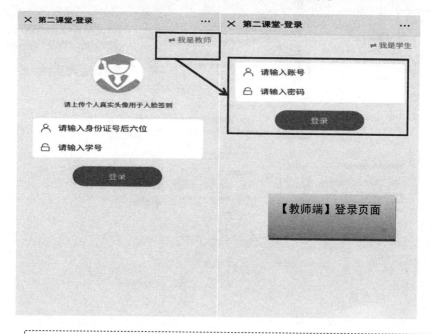

⚠️ **注意事项**

　　需在 PC 端绑定手机号后，才能使用手机号、密码登录

1.1 解绑账号

（1）绑定的账号，无法退出账号。

（2）如需解绑账号，请联系本校管理员，进行解绑。

2. 日程

在【日程】列表展示教师在【今日、后 3 天】范围内，所有活动/课程的状态【草稿、待审核、审批不通过、已发布、报名中、待开展、进行中、已结束】，可查看内容详情。

（注：列表不展示其他教师所发活动/课程）

【今日、后3天】列表排序：活动开始时间正序（即将开始的活动排序）

3. 活动管理

3.1 列表展示

在【活动管理】中，可查看已发布活动/课程的所有状态【待审批、待报名、报名中、待开展、进行中、已结束】及内容详情。

向右滑动，可查看对应状态的活动/课程内容

> **⚠ 注意事项**
>
> ◆◆◆ 微信端不支持，请登录 PC 端进行操作 ◆◆◆
>
> （1）查看"审批不通过"的理由。
>
> （2）根据活动/课程不同状态进行"取消""撤回"操作。

3.1.1 草稿箱

在【活动管理】中，点击右上角【编辑】按钮。可查看状态为【草稿】的全部活动/课程，并可编辑草稿箱内容。

·删除草稿

在【草稿箱】列表中，向左滑动会出现【删除】按钮，即可删除活动/课程。

3.1.2 搜索方式

在搜索栏输入【课程、活动名称】或通过日期表搜索【活动开始时间】，两种方式完成活动/课程的搜索。

3.1.3 活动撤回

选择状态为【待审核】的活动/课程，向左滑动会出现【撤回】按钮。可撤回当前活动/课程，重新编辑提交审批。

> ⚠ **注意事项**
>
> 只有活动发起人，有权撤回自己发布的活动/课程。

3.2 活动申报

在【活动管理】页，点击右下方【活动申报】按钮，进入活动/课程申报页。

3.2.1 活动分类

根据所发内容选择活动类别【① 活动类 ② 课程类】，并根据系统要求填写相关内容。

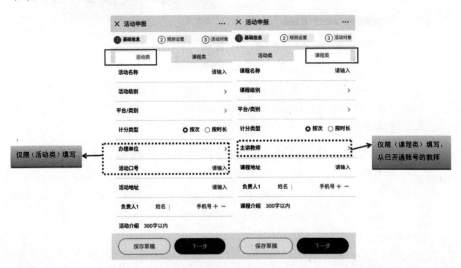

3.2.2 培养计划

根据当前活动/课程的开始时间与学年对应的时间段，自动显示本次活动/课程培养计划面向的学年。主要用于学校统计培养计划完成度。

举例说明：

活动开始时间：2019 - 05 - 21

2018 学年开始时间：2018 - 09 - 01 至 2019 - 08 - 31

所以培养计划为：2018 年

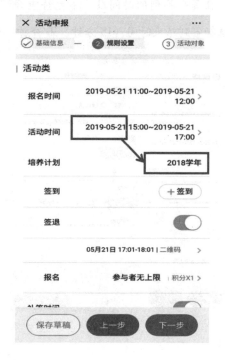

3.2.3 活动签到

点击【＋签到】按钮，在【签到规则】中选择签到方式①人脸识别②二维码；签到日期；开始时间；签到限时。

⚠ **注意事项**

　　微信不支持活动发起人自行创建签到地址，只可选择校管理员已创建的地址。

　　如需新增签到地址。请先将活动保存草稿后，登录 PC 端进行操作。

※签到时间※

　　·开始时间：第一次签到开始时间＜活动开始时间（第一次签到不可为活动开始时间），且每个签到的时间段，不允许重合。

　　·签到时限：选择签到结束时间（15 分钟、30 分钟、45 分钟、60 分钟）。

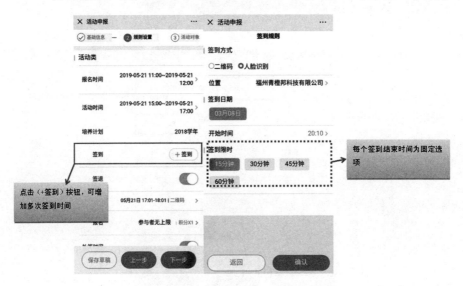

3.2.4 活动签退

　　点击【签退】按钮，在【签退规则】中选择签退方式①人脸识别 ②二维码；签退日期；开始时间；签退限时。

⚠ **注意事项**

　　微信不支持活动发起人自行创建签退地址，只可选择校管理员已创建的地址。

　　如需新增签退地址。请先将活动保存草稿后，登录 PC 端进行操作。

※签退时间※

·开始时间：活动结束后，立即开始签退。也可自行修改签退开始时间。

·结束时间：默认时间为活动结束后 1 小时，也可自行修改签退时限（15 分钟、30 分钟、45 分钟、60 分钟）。

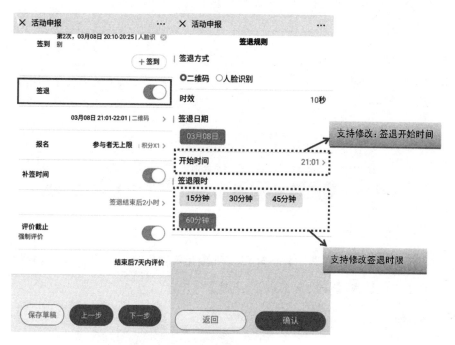

3.2.5 选择角色

点击【报名】，在【报名规则】中勾选本次活动/课程所需的角色及上限人数（不填写则无人数上限），点击【确认】后即为设置成功。

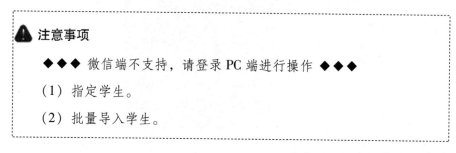

🔺 **注意事项**

◆◆◆ 微信端不支持，请登录 PC 端进行操作 ◆◆◆

（1）指定学生。

（2）批量导入学生。

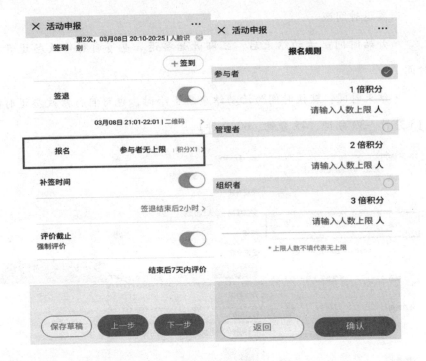

3.2.6 补签时间

活动结束后，可设置补签时间。补签有效时间只有2个选项【活动结束后2小时】或【活动结束后24小时】

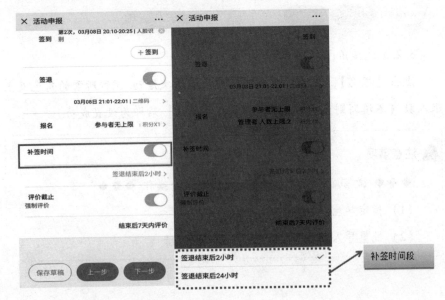

3.2.7 评价截止

评价截止时间为系统自动默认时间：活动结束后 7 天。

※评价时间※

活动结束时间至评价截止时间。

3.2.8 活动对象

勾选本次活动面向对象（学院、专业、年级、班级）及参与规则。

·其他学生（面向对象）

① 不允许报名

所发布的活动/课程，只针对已勾选的面向对象（学生）进行开放报名，且在微信端会显示该活动/课程；未勾选的面向对象（学生）不允许报名，且在微信端不显示该活动/课程。

②允许报名但不给成绩

所发布的活动/课程面向全校学生，但只针对已勾选的面向对象（学生），活动结束后给予积分；其他未勾选的面向对象（学生）允许报名，但是活动/课程结束后不给予对应的积分。

> ⚠ **注意事项**
>
> 不在面向对象的学生，如未完成活动/课程全流程（签到、签退、评价），同样会被扣除对应的诚信值。

4. 活动跟踪

4.1 报名情况

活动/课程处于【报名】阶段。在详情页点击【报名条件】，在【已报名】列表显示1. 活动/课程报名条件；2. 已报名成功学生的基本信息及角色。

 注意事项

微信端不支持：活动发起人【取消报名】，请登录PC端进行操作。

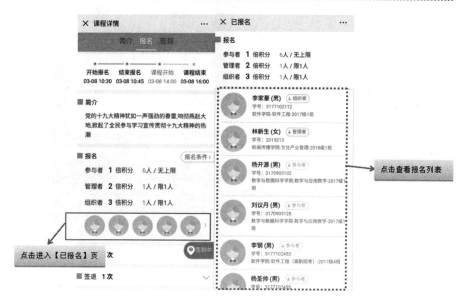

4.2 发起签到

活动/课程状态为【进行中】，且当前时间未有正在进行中的签到。活动发起人点击详情页【发起签到】按钮，可临时发起一次签到。

4.2.1 新增签到

在【发起签到】中，选择签到方式：① 二维码；②人脸识别，签到时长自行设置。

⚠ **注意事项**

　　微信不支持自行创建签到地址，只可选择校管理员已创建的地址。如需新增签到地址，请登录 PC 端操作。

　　点击【确认】后，系统提示【确认发起签到？操作不可逆】，确认无误后点击【确定】，即可立即开启签到。

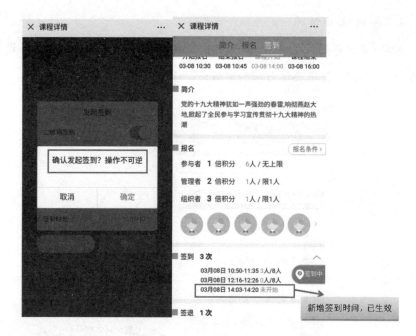

4.3 签到/签退二维码

在创建活动/课程时,【签到/签退】规则设置选择为【二维码】。

当【签到/签退】开始时间后,点击右下角【签到中】按钮,页面弹出该时段的签到/签退动态二维码。

4.4 签到/签退情况

活动/课程详情处于【签到/签退】阶段。在详情页【签到】【签退】，可查看1. 签到 /签退具体时间和次数；2. 实际签到/签退人数。

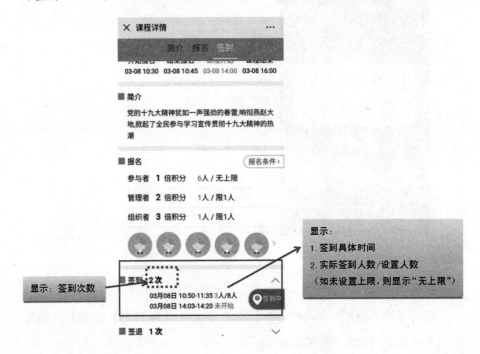

4.5 评价

活动/课程结束后，可分别查看参与者和督导队对本次活动/课程的评价内容，也可对评价进行点赞。

⚠ **注意事项**

微信端不支持活动发起人【删除评论】，请登录 PC 端进行操作。

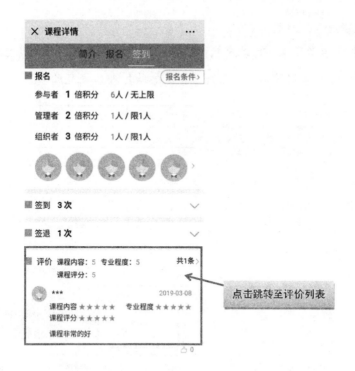

在活动/课程评价条数中，分别显示参与者与督导队的评价内容。

⚠️ **注意事项**

1. 教师只能看到自己所发活动/课程参与者和督导队的评价内容。
2. 评价人：均为匿名。

4.6 总结

点击【活动管理→已结束】，在活动/课程详情页中，点击【总结】按钮。本次活动/课程的总结，点击【提交总结】即为提交成功。

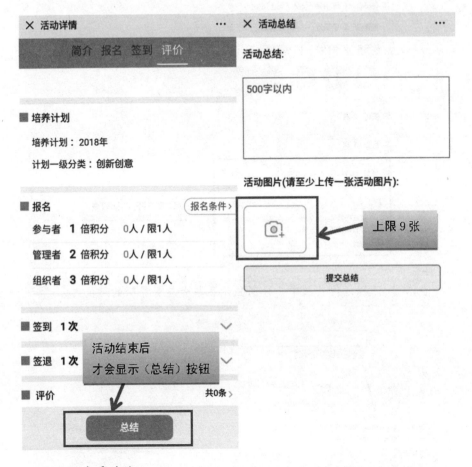

4.6.1 查看总结

如教师填写了活动/课程总结内容，在详情页中可查看已提交的总结内容。

⚠️ **注意事项**

活动总结内容只有活动发起人及超级管理员有权查看，其余人员无法查看。

5. 审批中心

5.1 活动申报审批

点击【审批中心→活动申报审批】，根据活动/课程审批环节，选择状态为【待审批】的活动进行审批。

⚠️ **注意事项**

只对有审批权限的教师开放，无授权该功能内容则为空。

5.1.1 审批操作

在活动详情页，查看提交审批活动/课程内容详情，对活动进行【驳回】【申课终审通过】操作。

⚠ **注意事项**

1. 审批列表中展示发起人提交的活动/课程。审批人请根据自身审批权限（初审、终审）完成审批。

2. 如在活动详情中未出现审批按钮（驳回）（审批通过），则表示老师未有该环节的审批权限。

3. 申课初审阶段：只能由跟活动发起人同院系且负责第一个审批环节的教师审批。并通过微信消息推送进行通知。

如需驳回发起人提交的活动申请，点击【驳回】按钮，填写驳回原因。确认无误后，点击【确定】即为驳回成功。

5.1.2 审批记录

点击【审批中心→活动申报审批】，选择【审批记录】按钮。

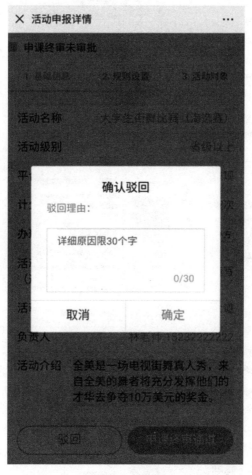

在"活动查询记录"中查看已审批（驳回）（通过）的活动。

点击审批状态为【驳回】的活动，在详情页顶部可查看驳回原因。

5.1.3 微信推送

活动申报审批结果（通过、不通过），点击跳转：审批中心—活动申报审批页面。

> ⚠ **注意事项**
>
> 申课初审阶段，微信只推送给本学院的负责人，且只能由本学院负责人审批。

5.2 报名审批

点击【审批中心→报名/补签审批→报名审批】，根据活动/课程查看报名审批数，选择状态为【待审批】的学生进行报名审批。所报名角色是否需由管理员审批，依据本校实际实施情况进行。

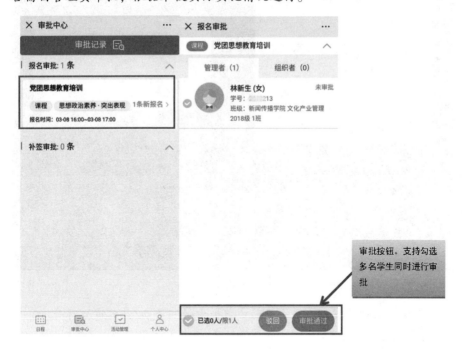

5.2.1 审批操作

活动发起人查看学生报名申请信息，选择【驳回】【审批通过】。如需驳回学生报名申请，需填写驳回原因。

※审批规则 ※

1. 报名结束前完成审批，学生即为报名成功。

2. 报名结束后未完成审批，系统自动退回申请，理由统一为：活动已开始。

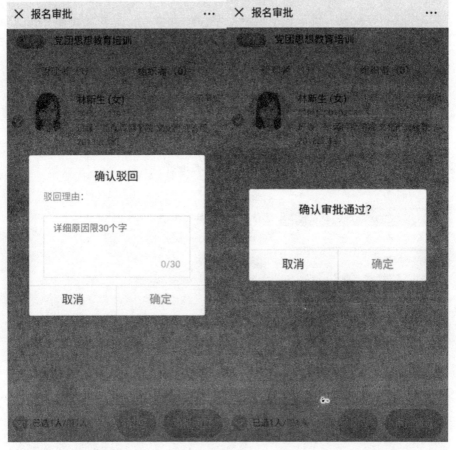

5.2.2 微信推送

学生报名申请提醒，点击跳转：审批中心—活动/补签审批页面。

5.3 补签审批

点击【审批中心→报名/补签审批→补签审批】，根据活动/课程查看补签审批数，选择状态为【待审批】的学生进行补签审批。

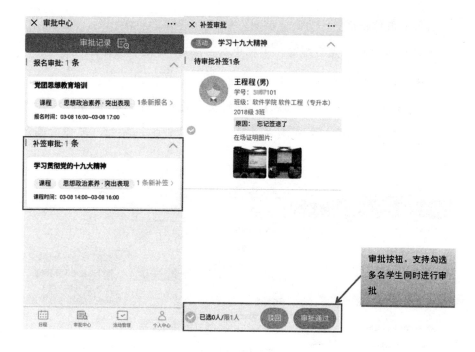

5.3.1 审批操作

活动发起人查看学生补签申请信息，选择【驳回】【审批通过】。如需驳回学生报名申请，需填写驳回原因。

※ 审批规则 ※

活动发起人可在补签开始后的任意时间，审批完成提交的补签申请。

5.3.2 微信推送

补签审批提醒，点击跳转：审批中心 – 活动/补签审批页面。

5.4 审批记录（报名、补签）

点击【审批中心→审批记录】，在列表中查看【报名】和【补签】相关活动/课程审批记录，分别点击【报名】或【补签】按钮，可查看具体内容。

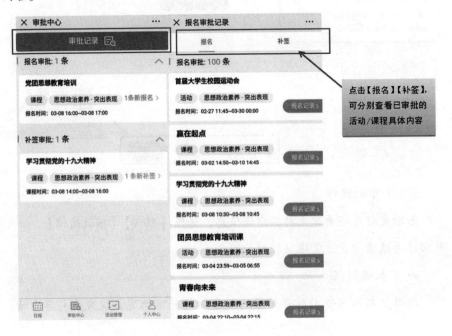

5.4.1 审批详情

点击【审批中心→审批记录→报名记录/补签记录】，详细查看每个活动/课程，学生提交的报名审批/补签的审批结果【通过】【驳回】。

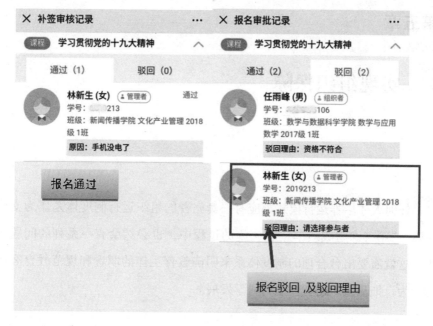

6. 个人中心

点击【个人中心→个人信息】，点击【编辑】按钮，可修改个人信息中的姓名、研究方向、手机号、正装照、个人简介。

第五章

实现组织保障

——第二课堂成绩单制度组织运行体系

任何人才培养运行模式都应有一套完善的组织运行制度体系作为支撑保障。"第二课堂成绩单"在实施的过程中，也必然会有一系列的问题产生，这就需要出台合理的制度体系来明确教育主体的职责和规范教育客体的行为，推动组织运行体系的科学发展。

一、第二课堂成绩单组织运行体系的概念与内涵

"第二课堂成绩单"组织运行需要与之相适应的教育组织模式。通过系统建构，合理完善第二课堂成绩单组织运行体系，推进第二课堂成绩单制度的科学发展和可持续发展。

宏观层面上，应形成与第一课堂的学术委员会相契合的第二课堂指导委员会。委员会由分管高校学生工作的校领导、教务专家和团学骨干构成，主要负责制度的顶层设计。通过定期召开课程内容设计研讨会、课程质量评估研讨会和课程资源开发研讨会，保障第二课堂指导委员会对"第二课堂成绩单"制度运行的领导。

中观层面上，应形成以学生工作部门为指导，团学骨干为主体的管理执行团队，承担第二课堂具体课程开发、课程运营及项目评估工作，延展第二课堂的功能，即在课程审核阶段，坚持课程标准统一、"院校两级"把关；在课程发布阶段，做到课程发布及时、内容精炼呈现；在课程推介阶段，为学生推荐素质短板课程、促进均衡发展；在课程维护阶段，依据学生的课程评价，剔除反馈不佳的课程；在课程管理阶段，加强规范化管

理，提高课程管理运行效率。

微观层面上，管理执行团队依据信息体系中的"三条主线"设计流程关键动作。第一条主线针对参与学生，流程设计为学生自主选课、现场刷卡、课程评价、学分认定。第二条主线针对开课组织，整体流程设计为提交课程、通过审核、开放浏览、课程反馈。第三条主线针对管理机构，流程设计为学院一级论证、学校二级批复、学校课程管理、学校记录服务。

二、第二课堂成绩单组织运行体系存在的问题

根据当前的文件研究可知，当前上层对于第二课堂成绩单制度的发文主要以团中央文件为主，这也就必将导致高校共青团组织是"第二课堂成绩单"的主要实施者，而广大高校组织如何有效配合，社会组织是否会接纳，将严重考验高校共青团组织后期开展第二课堂成绩单制度的成效，也正因此，在推行第二课堂成绩单的过程中必将遇到一系列的问题，下面我们就结合高校的现实条件做具体分析。

（一）高校层面

1. 对第二课堂的价值认识存在偏差

部分高校没有从人才素质的全面性角度来认识第二课堂的重要价值，对第二课堂的素质培养缺乏动力，认为第二课堂活动就是文艺和体育等校园娱乐活动的片面认识普遍存在。此外，在强调第一课堂主体地位的同时，认为第二课堂活动是"不务正业"的情况也时有发生，认为第二课堂活动开展冲击了第一课堂的教学秩序。

2. 对第二课堂的建设缺少资金投入和政策支持

许多高校更多关注的是办学规模，在校园规划、教学设施等硬件建设和使用方面较多关注第一课堂的教学需要，忽视了第二课堂在经费、人员配备、设施建设、政策制定等方面的投入，导致第二课堂处于"边缘化"境地。

3. 对第二课堂的设计经营不够系统

许多高校对于第二课堂的教育理念与体系建设缺乏深入的研究与实践，没有形成完整、成熟的理论体系，没有系统探索和构建第二课堂的框架体系、保障体系和评价体系，使得高校第二课堂教学与第一课堂教学严重脱节，导致第二课堂处于低效状态。

第二课堂活动的发起、录入和认证环节会耗费大量的人力，同时更需要课任教师、系院领导、一线操作工作人员的支持和加入使第二课堂课程化、常规化，但是这些都需要极具工作量的运作和资金投入，这将严重制约"第二课堂成绩单"制度的推行。

（二）高校共青团层面

1. 高校共青团的组织能力

高校共青团有联系青年的组织优势，但在功能定位上还存在若干脱离学生的倾向。一是在目标价值取向上，忽视当前在市场经济条件下人们从自身利益角度出发对事物进行判断和取舍的现实，过于突出政治正确，反而不利于团组织影响力的发挥；二是在一定程度上忽视日益彰显的个体成长的内在需求，个性化的目标设定缺失使共青团组织作用的发挥无法满足部分人的发展需求。以上倾向对于"第二课堂成绩单"的实施必然会造成不良影响，也背离了这一制度设计的初衷和目标取向。

2. 高校共青团的服务质量

高校共青团有服务青年的品牌优势，但内涵建设多有不足，参与的教师严重不足。如各种科技创新竞赛的指导老师严重不足，大量团干部因为非专业人士而指导力度不够，各种科技文化艺术节活动高度重复、缺少创新、粗制滥造，学生干部缺少培训、组织协调能力及专业素养不足，等等。这将影响"第二课堂成绩单"的实施效果。

3. 高校共青团的资源配置

高校共青团有引领青年的思想政治优势，但相应的资源配置不足。对于共青团无论在政策、经费、资源的配置上都略显不足，如团学活动的基础设施、场地、设备配置不足；具体工作上如文体活动、社会实践、创新创业、科技竞赛的经费不足；政策上对共青团竞赛的支持力度不够等问题。这些客观条件决定了"第二课堂成绩单"的实施必然会在重点高校和各地方高校之间产生较大差别，相应地也会在不同程度上影响其思想政治引领作用的发挥。

4. 高校共青团的执行能力

高校共青团有真抓实干的优良传统和作风优势，但同时面临队伍建设、运行机制等方面的若干问题。

第一，严重的人力不足。高校基层团干部一般由辅导员担任，而目前高校辅导员的配备严重不足，要实行"第二课堂成绩单"，构建课程体系、开展审核评价，需要大量的人力投入，在目前这样人力缺乏严重的情况下，高校必然会有一定的困难。

第二，运行机制有待完善。高校团组织的运行机制建设集中体现在环境适应能力、战略规划能力、资源整合能力、团队协调能力、项目执行能力和学生动员能力等团组织能力的发挥。为了给"第二课堂成绩单"的实施创造良好的运行环境，高校团组织的以上六大能力都应进一步加强和提高。

除此之外，各高校共青团还面临因为学校办学定位、管理体制、师德师风、生源质量、传统观念所带来的其他一些不利因素，这些都会或多或少对推行"第二课堂成绩单"产生影响。

（三）社会层面

"第二课堂成绩单"制度是想通过客观记录、有效认证、科学评价学生参与第二课堂活动的经历和成果，使第二课堂成绩单成为学校人才培养评定、学生综合素质考核、用人单位选人聘任的重要依据。但是在当前"第二课堂成绩单"制度下，各个高校"第二课堂成绩单"的设定并不一样，如对外经济贸易大学将"二课"活动分为 10 类，南京工业大学分为 4

类，重庆大学城市科技学院分为 8 类。那么在这样的情况下用人单位如何能进行统一合理的评判将成为一个值得思考的问题；同时部分高校在设置第二课堂成绩单学分时是按照每个模块必须修满多少学分来进行划分的，那么这样的结果就会导致学生的成绩单并没有本质的区别，广大学生所代表的将是"全能型"人才，这对广大用人单位在挑选人才时也将造成极大的困扰，或者直接不予接纳成绩单都未尝不可能；此外，设计成绩单时没有着重考虑用人单位的需求，导致成绩单上缺少就业所需信息，无法为用人单位提供选人、用人依据。比如，成绩单没有体现出活动的级别及组织形式等信息。第二课堂成绩单往往倾向于"对证记分"，难以覆盖同一个活动中不同的参与角色。比如，在运动会活动中，运动员由于有成绩或证书便于给定学分，而组织者、志愿者及观众的学分给定和评价则无法全面反映。

三、第二课堂成绩单组织运行体系的原则

基于以上分析，高校在推行"第二课堂成绩单"时，必须结合本校实际，因地制宜，构建完善的保障体系，并坚持相应的原则。

（一）组织保障有力原则

高校党委行政要站在人才培养的全局，将第二课堂作为高校人才培养体系的重要组成部分，成立以教务处、学生处、校团委、科研处、财务处等相关职能部门为成员的指挥中心，负责第二课堂活动的统筹规划、实施指导、认证监督。二级院系作为第二课堂的前线阵地，负责第二课堂活动的有效实施。根据最新颁布的《高校共青团改革实施方案》规定："高校党委须明确由一名副书记分管共青团工作，高校行政应有一名副校长联系共青团工作。"因此在高校共青团改革的大形势下，团组织应充分利用自身政治优势，发挥党建带团建的制度作用，争取高校党委、行政对于"第二课堂成绩单"的重视，争取相关政策、人员、经费和资源的支持。只有有了高校党委为共青团创造良好的外部环境，团的建设才有组织保障和动

力来源。

（二）制度保障完善原则

健全的工作制度是构建第二课堂人才培养体系并有效实施的基础。应建立完善的第二课堂管理制度，包括组织建设制度、经费管理制度、活动管理制度、学分认证制度等，将第二课堂活动以制度的方式确定下来，保障活动的顺利开展。加强制度化建设，完善"第二课堂成绩单"管理机制制度化的目的主要在于导向定位、控制保障、协调整合和约束规范，"第二课堂成绩单"必须注重顶层设计和制度保障，将过程管理和结果管理有机结合起来。高校共青团要牵头完善相应的制度设计，制定相应的实施办法、操作细则、管理制度、运行机制、评价标准。制度架构的总体要求是，一方面，要将所有第二课堂活动、全体青年学生都纳入制度和规范中去，用制度来说话，用制度来避免和化解矛盾，尽量减少人为因素的干扰。另一方面，要依靠制度来协调相应的保障措施和外部配套资源，处理好与宣传、学工、教务、财务等有关职能部门的协同配合，构建起全员参与"第二课堂成绩单"的工作格局。在具体要求方面，要制定详细的管理实施办法，突出对岗位职责、指导要求、形式内容、评价考核、奖惩机制等的规定，把教师指导第二课堂的情况与工作量、绩效考核、职称评定挂钩；要结合学院情况，区分一般项目和重点项目，针对重点项目制定单独管理办法，明确具体要求；建立多元评价体系，综合事前、事中、事后评价，把第二课堂情况纳入年终目标管理考核，以保障各项工作都有章可循。

（三）设施保障齐全原则

加强实践基地、活动场地、辅助设施、网络设施等硬件设施建设，加大第二课堂的经费投入，支持学生学术科研活动、文体竞赛等项目，从经费上保障第二课堂活动的有效开展。特别要搭建完善的网络平台，使网络平台功能健全化，要保证第二课堂成绩单制度的有效实施，就需要与信息技术相结合，构建完善的网络管理平台，通过现代信息技术手段，处理学生的考勤制度，并将各个第二课堂活动信息公示，让学生能够对第二课堂活动有充分的了解，明确认识到第二课堂对自身能力的全面方培养作用，才能充分发挥学生的主动性和积极性。并且网络平台技术也可以与智能手机终端相结合，让学生能够多方面、多角度参与到各项第二课堂活动中。考核人员也可以将每次活动的打分情况储存在网络平台，让学生便于看到自身的成长和发展。

（四）人员保障高质原则

重视第二课堂师资队伍建设。根据第二课堂的内容框架体系，部分教师可由优秀政治辅导员来担任。同时，可以建立第二课堂导师制度，聘请校内或校外某些领域的专任教师和专家学者，将专业教育与第二课堂有效结合起来，将指导教师的工作任务折算成工作量，使第二课堂能够持续、稳定开展，并以此努力使第二课堂课程化。同时，根据不同的使用需求，可以将网络平台用户分为相关部门工作人员、学院团委书记及辅导员、校院两级学生组织干部、平台助理、班团组织干部、普通学生等六类，定期对各级各类用户进行培训，以保证人员配置齐全和证书认证等人工程序能够顺畅进行。

（五）质量保障可靠原则

提升课程项目质量使"第二课堂成绩单"避免流于形式。第一，要坚持高标准、严要求，加强考核激励，提升团学干部的责任心和工作水平，实现课程项目的科学化、精品化；第二，加强团干部和师资队伍的教育培训、学习交流、考察调研、总结创新，提升他们的理论思考能力、调查研究能力和课程设计能力，提高第二课堂项目的吸引力、品牌影响力；第三，要充分调动校内外各种师资的积极性、能动性，尤其注重与教务部门合作，争取专业教师的指导和帮助，共同完成第二课堂课程项目建设。除此之外，课程项目体系的构建还应坚持以下原则：第一，主体性原则，关注学生自身发展需要，尊重学生的主体地位。做到充分尊重学能差异、兴趣差异、性格差异、思想观念差异等因素，创造性培养人才，保护学生的个性发展；第二，开放性原则，内容、手段上要与时俱进，范围、地域上要走出校园；第三，丰富性原则，可以满足不同学生的多样化选择，以提高学生的认同感、归属感；第四，实践性原则，课程项目应该以实践为主要形式和内容，通过学生的主动参与、亲身体验感受，以增强学生的动手能力、分析和解决实际问题的能力；第五，创新性原则，课程项目要多设置创新实践活动，尽量减少被动选择项目，增加主动设计项目。同时要根据新形势下对人才素质和学校育人工作的新要求，适应学校教育教学改革的新变化，创造新的生长点；第六，系统性原则，课程项目的各部分内容应为一个有机整体，可以为学生提供一个体系健全、内容完整的文化环境。

（六）资源保障优化原则

建立和完善开放性的资源整合机制，提高服务能力。"第二课堂成绩单"的含金量取决于共青团的工作质量。加强资源整合，提升高校共青团的整体工作水平和服务能力是提升"第二课堂成绩单"质量的基础和根本。共青团组织本身涉及社会各行各业，高校共青团要充分发挥自身优势，加强对外联系，积极探索借助社会力量开发资源的新路子，实现共青团工作资源的社会化配置，壮大团的实力，提升团的服务能力。可探索市场化的合作方式，不断丰富工作的内涵，拓展工作外延，服务学生的就业创业、成长发展需求。

（七）反馈机制保障可信原则

根据《教育部关于全面提高高等教育质量的若干意见》，应将第二课堂的教育成效纳入高等教育质量评价的整体框架。综合学生对活动的评价、院系对学生的评价、学校对院系的评价、社会对学校的评价等多个维度，建立一套科学合理的第二课堂评价体系，既考察学生的满意度、活动的丰富程度、学生的参与面、各种校内外活动或竞赛参加情况及获奖情况，又从知识、能力、素质三方面考察第二课堂对学生的能力培养、人格完善、能力提升，加强对第二课堂活动开展的质量评价，加强评价信息反馈，提高第二课堂的合理性。

以上七个保障原则是一个有机联系的整体，组织保障有力原则和资源保障优化原则解决的是"第二课堂成绩单"的外部环境问题，制度保障完善原则提供了"第二课堂成绩单"的运行基础，质量保障可靠原则和反馈机制保障可信原则关注的是其提供的最终成果，也是这一举措获得社会认可的关键，人员保障高质原则和设施保障齐全原则是这一创新举措的助推器和润滑剂，七个保障原则相辅相成，缺一不可。

综上所述，面对"第二课堂成绩单"，高校必须首先深刻把握其科学内涵和目标定位，明确其价值；然后根据推行过程中可能会遇到的现实困难，结合高校、共青团工作和社会需求实际周密谋划，稳步推进，协调各方，突出特色，在圆满完成工作任务的同时构建新的工作体系，建立新的工作机制，构建完善的保障原则体系，以此保障组织的正常运行，最终彰显新的工作成效。

四、第二课堂成绩单组织运行内容体系

在"第二课堂成绩单"制度组织运行体系构建上需要重点考虑三个层面的问题：一是教育主体层面。"第二课堂成绩单"是多部门协同运作机制，需要资源的整合与协调，这就要依靠制度来明确各参与部门之间的权责，重点解决岗位职责重复、指导要求模糊、评价考核不力等突出问题，构建起多部门协调配合全员参与的工作格局。二是教育客体层面。要将所有设置项目、全体参与学生都纳入制度规范中来，尽量减少主观因素的干扰，用制度的尺子来衡量过程，用制度来避免和化解矛盾，保证同学们在"第二课堂成绩单"制度框架下有序地开展活动并能够得到公正、客观、科学的评价。三是教育效果层面。"第二课堂成绩单"的实施是第二课堂教育被重新认识和重视的过程，在制定政策时可以考虑适当的引导和鼓励，诸如学生多修的第二课堂学分可冲抵公共选修课学分的制度、指导教师工作量与职称评定挂钩制度、学院第二课堂开展情况纳入年度目标管理

考核制度等，以保障"第二课堂成绩单"的实施效果。

　　同时，"第二课堂成绩单"制度的实施有赖于良好的政策环境营造。《意见》作为一项国家层面的顶层设计，明确了第二课堂实施的规定内容。在省级层面，需做好"第二课堂成绩单"制度实施的资源配套，包括在本省市层面的推介宣传，树立第二课堂成绩单良好的社会声誉；建立"第二课堂成绩单"制度建设成果展示的联动平台，供高校之间学习与借鉴。在高校层面，需对《意见》进一步细化，制定相应的管理办法、实施原则、管理机制等。以某高校为例，为推进"第二课堂成绩单"制度，该校配套制定了《关于教师教育服务工作量计算管理办法》，用一定的方法和系数计算教师参与第二课堂的工作量，既保证课时量，又保障课时费，充分调动教师参与第二课堂的积极性，增强教师参与第二课堂的获得感。

五、第二课堂成绩单组织运行体系的案例

典型案例：

闽江学院"第二课堂成绩单"制度组织运行体系实施办法

　　为全面贯彻落实《中共中央 国务院关于加强和改进新形势下高校思想政治工作的意见》《国家中长期教育改革和发展规划纲要（2010—2020年)》《中长期青年发展规划（2016—2025 年)》《教育部关于全面提高高等教育质量的若干意见》《高校思想政治工作质量提升工程实施纲要》《高校共青团改革实施方案》等文件精神，根据《闽江学院高水平有特色的应用型大学建设行动计划（2018—2020 年)》要求，结合学校综合改革方案精神，进一步深化以学分制为核心的教育教学改革，经初步实践探索，特修订《闽江学院"第二课堂成绩单"制度实施办法》（以下简称《办法》)。

　　第一条　"第二课堂成绩单"制度是贯彻落实习近平总书记提出的"要重视和加强第二课堂建设"的重要要求，是推动高校思想政治工作改

革创新的有力抓手，是学校综合改革方案的重要组成部分。从2017级学生开始，本科生必须修满《办法》规定的"第二课堂成绩单"学分方可毕业，第二课堂和第一课堂成绩单一并装入毕业生档案。

第二条 学校成立"第二课堂成绩单"制度实施工作指导委员会（以下简称指导委员会），由学校主要领导任主任，分管学生工作和教学工作的校领导任副主任，组织部、宣传部、学生工作部（处）、校团委、教务处、人事处、科研处、对外交流合作处、图书馆、现代教育技术中心、公共体育教学部、马克思主义学院、创新创业学院及各学院党政负责人为委员。指导委员会负责"第二课堂成绩单"制度实施方案的制订，统筹全校教育教学资源，推进部门协同，监督"第二课堂成绩单"制度实施，裁决学生对"第二课堂成绩单"结果的申诉。

指导委员会下设"第二课堂成绩单"制度实施工作办公室，挂靠校团委。办公室负责本科生"第二课堂成绩单"制度的统筹规划、指导、考评和网络系统管理培训等工作。

各学院成立由学院党政负责人任组长，分管教学工作和学生工作负责人任副组长，教研室主任、学院团委书记、教学秘书和辅导员为成员的"第二课堂成绩单"制度实施工作组，负责组织"第二课堂成绩单"制度实施工作，主要职责包括：规划学院"第二课堂成绩单"课程项目设置，网络管理系统管理员队伍建设，支持第二课堂活动开展，初步审核"第二课堂成绩单"认定结果等。

各班级团支部成立由团支书任组长，由学生干部和学生代表组成的"第二课堂成绩单"制度认定小组（3~5人），负责学生"第二课堂成绩单"部分认定、公示和上报等工作。

第三条 根据学校构建素质养成、知识传授、能力培养和创新创业教育"四位一体"的教育模式精神，"第二课堂成绩单"制度主要涵盖思想政治素养、公益志愿服务、社会实践能力、创新创业能力、校园文化活动等五大平台。

1. "思想政治素养"平台

主要记载学生入党、入团情况，参加党校、"储英班"、团校、青年马克思主义者培养工程培训班、"三会两制一课"等各类已入目录库的学生干部素质培训班或相关活动；党委组织部、宣传部、学生工作部（处）、校团委、马克思主义学院及各二级学院，各级学生组织开展的思想政治教育类活动和获得的相关荣誉，以及各类学生干部履历情况。

2. "公益志愿服务"平台

主要记载学生参与践行社会主义核心价值观、"大学生志愿服务西部计划"及阳光助残、关爱农民工子女、社区服务、大型赛会服务等经历。校团委统筹学校志愿服务工作，为学生提供优质的志愿服务机会，调动学生参与志愿服务活动的热情，打造富有特色的闽江学院志愿服务特色品牌。

3. "社会实践能力"平台

主要记载学生参加暑期大学生"三下乡"社会实践活动、寒假社会实践及其他实践活动的经历，参加港澳台及国际交流访学的经历，以及获得的相关荣誉。发挥社会实践对培养大学生深入社会调查研究、发现并解决问题和增强科研创新意识的推动作用，建立大学生实践育人平台。

4. "创新创业能力"平台

主要记载学生参与各级各类学术科技、创新创业竞赛和活动的经历及获得的相关荣誉以及发表论文、出版专著、取得专利等情况；记载学生参加各级各类技能培训、就业实习见习的经历，以及获得的相关荣誉。规范我校学生学术科研活动指导与评审机制，进一步增添校园学术科研氛围；积极为大学生创造机会参与创业实践，为大学生毕业后开创事业、把握职场提供指导和教育。

5. "校园文化活动"平台

主要记载学生参与文艺、体育、人文素养等各级各类校园文化活动的经历，以及获得的相关荣誉。以"闽院好故事、闽院好声音、闽院好形象、闽院好精神"为载体,营造和谐融洽的校园文化氛围。积极推进校园文化的整体性、系统性设计,着力搭建校园文化平台,通过统筹校学生会、校艺术实践中心、学生社团及各学院学生会广泛开展涵盖文化艺术、体育锻炼和心理健康等领域活动,服务大学生成长成才。

第四条 "第二课堂成绩单"成绩记录使用学校自行开发的网络管理系统进行认证管理。

第五条 学生"第二课堂成绩单"成绩采用积分方式计量,4个积分兑换1个学分。

第六条 本科生在完成第一课堂学习要求的基础上,至少要完成16个"第二课堂成绩单"积分方可毕业。其中,创新创业能力、校园文化活动分别为4个积分,思想政治素养、公益志愿服务、社会实践能力分别为2个积分,学生必须完成各平台规定的最低积分(经县级及以上医院和本校医务中心证明不适合参加所述活动者可适当减免)。

第七条 "第二课堂成绩单"采用三级认证,量化考核的方式。

1. "第二课堂成绩单"积分换学分申请

学生在大四第一学期末进行积分换学分申请,各平台课程均未显示仍有未获得积分的方可申请。完成各平台最低积分且合计达16个积分者方可直接申请4个学分,若完成各平台最低积分且合计超过16个积分者仅申请4个学分,但全部修习情况将在"闽江学院第二课堂成绩单"中予以显示。

2. "第二课堂成绩单"积分审批

课程结束后五个工作日内,课程开课部门将进行课程积分审批,审批通过后所有修完该课程的学生将自动获得课程积分记录(学生干部履历将在每学年初进行统一申报,下学年初进行统一审批,各校级学生组织学生干部由校团委协调申报、审批,各学院学生干部由学院团委统一申报、审批)。

3. "第二课堂成绩单"积分获得

根据课程积分设置获得,课程采取申报——审批机制。课程申报应根据活动性质按照《闽江学院"第二课堂成绩单"制度积分评定细则》中所对应的项目进行申请，课程审批应由课程分管部门进行，课程审批通过，即可接受学生选课，学生上课完毕，参与课程评价，即视为此课程修习完毕。积分管理系统将实时进行积分计算，显示每一名学生各课程类别、各项目积分修习结果，给出未完成积分数量提示。学生大四第一学期末可申请获得"第二课堂成绩单"总积分。

第八条　"第二课堂成绩单"成绩优秀学生和优秀工作者，按照一定比例，分别授予相应荣誉称号。

第九条　"第二课堂成绩单"制度实施工作中，针对弄虚作假获得积分的学生，经委员会查实认定，取消其相应项目积分；针对违规操作项目的学生组织，经指导委员会查实认定，取消该组织的活动组织权，追究负责人责任，并根据学生管理相关规定给予处分。

第十条　指导委员会将每年对学校"第二课堂成绩单"制度实施情况进行一次评估，调阅有关资料和课程评价数据，按照开课部门进行分类，撰写有关评估报告，给出相应反馈，提出改进意见。

第十一条　学生如在积分取得方面存有异议，应在课程结束后一周内向开课部门申诉，开课部门必须在5个工作日内予以答复。如学生对答复仍有异议，可在接到开课部门答复后在5个工作日内提请办公室复议。指导委员会将组织或委托有关专家小组进行复议，并将复议结果及时通报学生。复议将在每学年第一学期进行一次。

第十二条　凡《办法》中未涉及、但需要纳入"第二课堂成绩单"制度实施工作的项目可由学院或部门进行认定后上报"第二课堂成绩单"制度实施工作办公室审核、备案。

第十三条　本《办法》自公布之日起施行，由学校"第二课堂成绩单"制度实施工作办公室负责解释。

闽江学院"第二课堂成绩单"制度深化改革实施方案

为深入学习贯彻习近平总书记新时代中国特色社会主义思想和党的十

九大精神，全面落实《高校思想政治工作质量提升工程实施纲要》（教党〔2017〕62 号）和《关于在高校实施共青团"第二课堂成绩单"制度的意见》（中青联发〔2018〕5 号）等文件精神，在总结 2017 年以来学校"第二课堂成绩单"制度实施的基础上，结合现阶段发展实际，制订深化改革实施方案如下：

一、总体要求

高举习近平总书记新时代中国特色社会主义思想伟大旗帜，深入贯彻落实党的教育方针，全面落实习近平总书记提出的"要重视和加强第二课堂建设"的重要要求，紧紧围绕"不求最大、但求最优、但求适应社会需求"的办学理念，深入挖掘第二课堂育人价值，系统提升第二课堂育人实效，逐步健全完善第一课堂和第二课堂深度融合、相辅相成的人才培养模式，努力培养德智体美劳全面发展的中国特色社会主义事业合格建设者和可靠接班人。

二、重点任务

根据学校深化"第二课堂建设"综合改革的总体要求，将原有的"第二课堂成绩单"制度实施模块内容进行重新调整，进一步凝练"思想政治素养提升、公益志愿服务助力、社会实践能力培育、创新创业能力训练、校园品牌文化建设"五大工程，并结合目前各职能部门分工及工作运行实际，确定具体工作任务：

（一）思想政治素养提升工程

"思想政治素养提升工程"主要包括学生入党、入团情况，学生参加党校、"储英班"、团校、青年马克思主义者培养工程培训班、"三会两制一课"等各类学生干部素质培训班或相关活动；党委组织部、党委宣传部、学工部（处）、校团委、马克思主义学院等部门，各学院，各级学生组织开展的思想政治教育类系列活动以及各类学生干部履历情况。

组织部：借助"第二课堂"平台，加强对学校党校、二级学院党校以及学生党员干部培训进行指导和统筹，适时对其培训工作、学生反馈进行抽查；开放党员工作系统对接学校"学生大数据平台"，共享学生在申请入党阶段、发展对象阶段、支部大会阶段、预备党员阶段、预备转正阶段的实时数据，结合学生党员先进性考核评价等指标体系的开发，对学生党员教育、党员发展质量、学生党员干部综合素质发展等工作重点展开科学跟踪。

宣传部：结合"第二课堂"平台，深化开展习近平总书记新时代中国特色社会主义思想"大宣讲"工作。组织发动专家学者、理论工作者下基层，结合"青春薪课堂""习近平总书记新时代中国特色社会主义思想读书社"学生骨干组建覆盖各级党组织的理论宣讲"轻骑兵""小分队"开展全方位、多层次宣讲；通过举办理论骨干培训班，组织专家学者座谈会等方式，不断深化广大师生对习近平总书记新时代中国特色社会主义思想的理解和掌握；在各类社会主题教育活动、公益慈善活动、对外宣传活动、文艺演出活动等场合，运用介入式、嵌入式宣讲，传播新思想，不断营造浓厚的学习宣传氛围。

学工部（处）：结合"第二课堂"平台，组织开展理想信念教育、爱国主义教育、公民道德教育等思想政治教育，组织开展学生入学教育、毕业教育、校风校纪教育、形势政策教育等日常教育活动。加快学生综合评价改革，推进第二课堂、第三课堂数据融合，深化大学生综合能力测评、大学生诚信行为评价等工作。

校团委（创新创业学院）：结合"第二课堂"信息化平台升级，深化开展团校培训班、青年马克思主义者培养工程培训班、团支部"三会两制一课"系列工作，积极探索新形势下团员青年思想政治教育的新方法和新途径。

对外交流合作处：结合"第二课堂"平台，开设台湾主题特色课程，加强赴台学生的思想政治教育。

马克思主义学院：结合"第二课堂"平台，开展党的基础理论、基本路线学习宣传教育，推动思想政治理论教师深入开展习近平总书记新时代中国特色社会主义思想"大宣讲"工作。

各学院：结合学院具体工作，制订思想政治素养模块活动实施方案，完善思想政治素养模块培训、比赛、评选目录。

（二）公益志愿服务助力工程

"公益志愿服务助力工程"是指学生参与践行社会主义核心价值观、"大学生志愿服务西部计划"及支教助残、社区服务、赛会服务等各类志愿公益活动的经历，以及获得的相关荣誉。

组织部：以学生党员志愿服务为载体，打造学生党员品牌形象。

宣传部：以文明城市、文明校园创建为引领，组织开展系列主题志愿服务活动。

学工部（处）：以宿舍、教室为主要阵地，开展卫生清理、秩序疏导等志愿服务活动。

校团委（创新创业学院）：结合"第二课堂平台"和"福州志愿汇"，统筹全校日常志愿服务和重大志愿服务项目。

对外交流合作处：积极利用部门资源，结合寒暑假实践活动，深入开展国际志愿服务项目。

图书馆：以图书馆为主要阵地，深入开展图书志愿服务。

各学院：结合学院具体工作，制订公益志愿服务模块活动实施方案，完善公益志愿服务模块部门志愿活动目录。

（三）社会实践能力培育工程

"社会实践能力培育工程"是指学生参加暑期大学生"三下乡"社会实践活动、寒假社会实践及其他实践活动的经历，参加与港澳台及国际交流访学的经历，以及获得的相关荣誉。

组织部：引导学生党员积极参加寒暑假社会实践活动，深入基层、了解民情，深入实践、了解社会，在服务社会、服务人民的实践活动中受教育、长才干、做贡献，较好地展示学生党员的先锋模范作用。

校团委（创新创业学院）：统筹学生寒暑假社会实践安排，鼓励学生积极参与学校、学院统一组织的社会实践活动，依托"校长基金项目""大学生创新创业训练计划项目"，另外设立"大学生寒暑假社会实践专题调研项目"。

学工部（处）：引导和鼓励学生利用寒暑假深入开展"金融知识校园行"教育主题实践活动"资助政策乡村行"政策宣传实践活动、"家校关怀万里行"精准家访实践活动，强化资助育人效果。

科研处：协同校团委设立"社会实践专项研究项目"，加强教师参与学生社会实践，将教师科研实践活动与学生暑期社会实践活动有机结合，构建"大实践"育人平台。

对外交流合作处：加强与国内外高校合作交流，开拓多门类宽口径海外学习渠道，推进学生海外交流，支持学生到国外一流高校攻读硕士学位；鼓励学生利用寒暑假出国访学，参加高水平国际学术会议和行业峰会；结合国际化办学，推进本地学生与留学生互动交流，营造良好的国际化、开放性的办学氛围；试点举办国际暑期学校，结合"第二课堂"平台，聘请海外名师利用暑期来校授课，让学生更多参与世界一流学者的课程。

马克思主义学院：推进思想政治理论课教学与学生社会实践深度融合，科学制订实践教学设计与课堂教学相互促进的实践育人体系。

各学院：结合学院具体工作，制订社会实践能力模块活动实施方案。

（四）创新创业能力训练工程

"创新创业能力训练工程"是指学生参与各级各类学术科技、创新创业竞赛和活动，发表专业学术论文、出版专著、取得专利等，参加各级各类技能培训、就业实习见习的经历，以及获得的相关荣誉。

学工部（处）：举办专业型、开放式就业指导服务活动；汇聚校内外导师资源，建立"就业指导顾问"专家库，定期邀请知名教授与职场成功人士担任嘉宾，开展互动型授课和讨论；继续深入开展"学生生涯引领计划""毕业生求职训练营""模拟求职大赛"等品牌活动，配套开展"简历工作坊"和"面试工作坊",实现以赛代练、快速提升。

校团委(创新创业学院):深化创新创业教育改革,强化顶层设计和整体谋划,以创新创业通识课程体系建设为基础,以实现创新创业课程与学科专业体系有机融合为重点,以创新创业师资队伍整体建设为支撑,推进福建省首家"第二课堂成绩单"改革试点高校建设;建立"创新创业学院—学院双创中心"两级联动机制,规划和筹建"展示与示范、创新创业教育、研创综合服务"三项功能为一体的创新创业大楼,构建创新创业服务体系;建设"苗圃—孵化器—加速器"一体化的创新创业孵化链条,构筑分层分类的创新创业孵化实践体系。组织学生积极参与各类学术科研活动,参与学科竞赛和创新创业大赛,做好"大学生创新创业奖学金"评比;开设学生职业生涯咨询功能,提供一对一的专业咨询与指导,合理规划大学四年的学习成长。

教务处:深化"教授大讲堂"组织工作,推进专业教育与创新创业教育融合课程建设,将第二课堂活动融入"专创融合课程"的全过程。坚持"学院为主、学校为辅"的原则,推动"第二课堂成绩单"制度实施与"教师教学工作量"无缝对接,发挥教师的主动性和积极性,鼓励教师以贴近学生、贴近生活、贴近实际的形式,广泛开展社会调查、生产劳动、志愿服务、公益活动、勤工助学和校园文化等活动,增强实践育人的针对性。

科研处:深化"闽江论坛"组织工作,提供更多高质量的专业学术讲座和报告;鼓励学生积极参与教师科研项目,开展科学研究、技术开发等创新活动。

图书馆:凝练专业学术讲座品牌,提升活动质量。

各学院:结合学院具体工作,制订创新创业能力模块活动实施方案,完善学科竞赛规划目录。

(五)校园品牌文化建设工程

"校园品牌文化建设工程"是指学生参与文艺、体育、心理健康、人文素养等各级各类校园文化活动的经历，以及获得的相关荣誉。

宣传部：结合校园文化建设三年规划纲要的实施，积极推进校园文化的整体性、系统性设计，搭建校园文化交流平台；组织开展"懂校史、知校情、明责任、促内涵"校园文化活动，利用校园网、微信微博公众号、校报、简报、广播台、宣传栏、电子屏幕等校内宣传媒介及校外媒体资源，凝练宣传推广校园文化品牌活动。

学工部（处）：结合"第二课堂"平台，继续深化自律文化、资助育人、心理健康教育等校园文化品牌活动建设。

校团委（创新创业学院）：以校园"四季"主题为引领，以校园文化艺术节为载体，加强大学生艺术实践中心建设，开展"三走"群众性文体活动和培植具有本校特色的文化品牌活动。加强中华优秀传统文化的传承传播，利用传统节日等契机，开展弘扬优秀传统文化和传统美德的活动。做好年度"星级社团""十佳社团""十佳社团特色品牌活动"评选，推进"社团课程化"改革，加大专项经费支持，逐步实现社团活动充分融入人才培养方案，推进学生社团活动成为"第二课堂"课程的重要延伸和有效补充。

科研处：结合现场咨询、科普讲座、知识培训、展览、知识竞赛、科普读物编写、宣传挂图、录像片、网站（专栏）、文艺表演、社科专家基层行、新媒体科普宣传等形式，深入学生群体开展科普知识宣传活动。

对外交流合作处：组织开展国际交流文化月、学生赴境外学习项目展、世界文化知识讲座、国际节日文化会演等活动，加强国际文化交流，丰富师生校园生活。

图书馆：结合"社团课程化"改革，深化开展"知行读书会""读书月"等品牌活动。

各学院：结合学院具体工作，制订校园文化活动模块活动实施方案，完善校园文化活动模块文体赛事、活动目录。

三、保障措施

（一）加强组织领导

学校成立以校党委书记、校长任主任，校党委副书记任常务副主任，副校长任副主任的闽江学院"第二课堂成绩单"制度实施工作指导委员会，由组织部、宣传部、学生工作部（处）、校团委、教务处、人事处、科研处、对外交流合作处、图书馆、现代教育技术中心、公共体育教学部、马克思主义学院、创新创业学院及各学院党政负责人为委员。指导委员会下设办公室，挂靠校团委。各学院成立由党政负责人任组长，分管教学工作和学生工作负责人任副组长，教研室主任、学院团委书记、教学秘书和辅导员为成员的实施工作组。各责任单位要把"第二课堂成绩单"制度实施作为学校综合改革的一项重要内容，统筹校内教育教学、科学研究、学生工作、组织宣传、后勤保障等资源，落实部门职责分工，分解细化工作任务，明确具体责任人员，确保各项任务有效落实。

（二）加大宣传推广

学校成立"第二课堂"专项宣传小组，搭建集"微博、微信、微视、手机客户端"的新媒体平台矩阵，组织专题宣传活动；设计涵盖吉祥物、漫画等实体、网络系列产品，集聚网络放大优势，向全校学生定期推送"第二课堂"优质内容，深化学生对学校实施"第二课堂"长远目标的价值认同。

（三）推进平台升级

根据师生现实需求，积极推动"第二课堂信息管理系统"升级迭代；积极推动"第二课堂"品牌升级，深化打造"第二课堂"线下体验中心，深度规划特色"第二课堂"展示平台，围绕"展示性、体验性、服务性"三方面，准确定位，聚焦师生，致力于给师生打造一个集文化展示、O2O一站式服务以及师生互动活动为一体的"智慧教育"的空间；在现有模块的基础上，不断进行内容升级，打造学生知识圈、文创圈、社交圈、市集圈和跨界圈五大成长生态圈；以学生职业生涯规划为主线，结合"智慧校园"建设资源，通过搭建学生基础数据中心，对接现有的校园业务系统，整合教务处、学生处、后勤处、图书馆等相关部门的业务数据，形成"一平台、多应用"的服务体系，深度开发"学生综合能力""学生安全监控"等服务平台，为学生个性定制"成长服务"，增强学生对"第二课堂"的认同和体验。

（四）实施督导考核

学校逐步围绕"第二课堂发展中心"建设，筹划成立"青年研究中心"，科学搭建有利于分类指导、可操作性强的学院"第二课堂"工作绩效评估体系，实施定期考核，着重加强"第二课堂"活动质量监控，形成系列"第二课堂"专题报告并及时反馈，严格责任落实。各单位要加强"第二课堂成绩单"制度实施与年度工作计划衔接，充分体现"第二课堂成绩单"制度实施深化方案提出的发展目标和重点任务，及时上报工作进展情况，学校将定期开展工作交流、总结经验，发现问题，确保"第二课堂成绩单"制度实施取得实效。

第六章

实现数据共享

——第二课堂成绩单制度数据应用体系

当前，大数据作为国家重要的战略资源之一，引发了人类工作、生活的深刻变革。信息化、智能化已经逐渐渗透到社会的各个领域。运用大数据思维对海量数据进行挖掘和分析，能够帮助人们有效地把控各因素之间的关联性。因此，基于大数据思维打造高效第二课堂无疑是解决其重点和难点问题的一种有效途径。

"第二课堂成绩单"精准地记录了每个学生的成绩及评价，这需要相对独立且系统高效的网络数据运行平台作为技术支撑。据不完全了解，目前全国还很少有高校为"第二课堂成绩单"专门建立网络运行系统，这需要学校层面投入人力、物力、财力来完成，以保证"第二课堂成绩单"运行的硬件条件。

"第二课堂成绩单"网络运行系统的设计需要着重考虑两个方面的问题：一方面是可操作性。系统的功能需包括公告通知、项目申请、实施效果、考核记录、学分认证、成绩单制作、综合评价等模块，既能够简单方便操作，又能够实时有效地反映出学生参与项目的经历及效果，翔实记录和科学分析每位同学的第二课堂开展情况。另一方面是可参与性。通过系统，可以进行课程申报，课程管理，活动组织，运营管理，充分发挥第二课堂网络运行系统的优势，实现动态参与和动态管理。

2014年同济大学借助新媒体信息化手段开发"iTongji – s 平台"，部分高校引进大学生成长实践服务平台（PocketUni），都是采用的基于移动互联网技术条件的信息处理技术手段。为了更好地对接第一课堂活动的成绩结果，学校方面应该实现这个平台与学校教务系统的整合，建立大数据平台，有效记录学生学分情况，使第一课堂成绩单与第二课堂成绩单结合，更全面地反映大学生在校表现情况。通过大数据的分析，学校方面能充分了解大学生的实际需求，及时调整教育教学目标，督促学生利用自身优势获得更大成就，提升他们的综合素质能力。此外，各平台的运行都必须有责任单位或部门，至少设 1 名技术指导老师，在内容建设上要设有信息联络员，对平台发布内容及时审核、监控和维护。

一、第二课堂成绩单数据应用体系的概念与内涵

大数据时代的教育正向着依赖数据支撑、量化教育现象的实证科学转变。经过多年积累的第二课堂数据库将是高校人才培养总库的重要组成部分，并与第一课堂教务系统形成数据对接、课程互动，与财务系统形成资金模块匹配，与学生事务管理系统形成学业预警联动，共同构成开放式数据库，再与高校就业数据库对接，让数据真正成为高校关于人才培养相关政策研制的精准有力支撑，进一步消解传统的、经验式的素质教育带给教育工作者的教育质量"黑箱"感受。在第二课堂数据库不断完善的基础上，还可实现关于第二课堂素质教育培养效果的量化评估，如对学生课程学分积累、学生课程选择偏好、课程质量反馈、课程实效性等的测量评估。

二、第二课堂成绩单数据应用内容体系

《关于在高校实施共青团"第二课堂成绩单"制度的意见》中提到，要加强互联网等信息技术对工作的支撑，体现在"第二课堂成绩单"制度的技术运用中，则是"以学生为根本"和"以用户为导向"，即通过精细化的服务供给，增强用户的使用黏性。

综合高校实践调研的结果，目前"第二课堂成绩单"制度的服务精细化主要体现为"网站 + 微信或 App"的服务模式。该模式以第二课堂网站

平台为第二课堂综合信息供给的"大本营",网站平台除承载课程信息外,还设置宣传功能、社交功能和日常服务功能;以微信或 App 作为"前哨",将网站平台功能中使用最频繁、最具吸引力的选课、查询功能进行扁平化组合,并增强其他功能的附着,进一步增强学生的使用黏性。因此,在硬件上,需开发各类硬件适配版本,让学生无论在电脑端、平板电脑端还是在手机端都能自如地使用第二课堂系统。在细节上,还可进一步优化用户体验,如开发上课提醒功能、课程评价提醒功能等。

如此设计的第二课堂成绩单数据应用平台发力点众多:缺乏对团学活动的了解,就用后台数据来研究;缺创新抓手,就依托平台深度开展特色活动;工作太封闭,就从体系找接口,让校外资源定向介入。这样的第二课堂成绩单数据应用体系有思路、有抓手、有载体。

三、第二课堂成绩单数据应用体系存在的问题

通过线上网络调研、舆情分析素材和学生意见反馈会,深入分析"第二课堂成绩单"在制度设计、活动供给、系统平台等方面的综合情况,存在如下问题:

（一）制度设计

学生对《闽江学院"第二课堂成绩单"制度积分评定细则（试行）》的平台积分分布、具体积分认定规则、实施办法等还存在不同的异议和模糊界定的内容。

（二）活动供给

关于活动供给数量、种类与学生需求间存在一定缺口,部分平台的活动供给严重不足,积分获取压力较大;各级主体供给活动质量参差不齐,且设置较为分散,缺乏统一规划,实效性较差;学院间还存在较高的活动壁垒,活动共享率较低。

（三）系统平台

系统开发不够完善,存在漏洞,发现个别学生用外挂等技术方法进行

非正常抢课、让课等行为。开课、签到功能实现不够稳定，证书认证、积分授予审核周期过长，学生意见申述渠道不通畅等现象依然存在。

（四）学分认定

系统中学分的认定过于机械，无法实现与时俱进的更新状态，使得第二课堂的开放性与审核的机械性之间产生矛盾。第二课堂因其包含项目的多样性，决定了其认定的标准不能过于机械。另外，学分认定标准中，过于强调项目的结果，没有对项目的过程进行有效监控。

四、第二课堂成绩单数据应用体系建设策略

针对以上问题，提出以下解决方案，循序推进，力求提升"第二课堂成绩单"制度的品质，让学生满意。

（一）深化"第二课堂"制度设计改革

1. 围绕"第二课堂"中心工作，实施"工作小组制"改革

成立一个质量监控（发展研究）组和思想引领、创新创业、校园文化、信息宣传四个业务工作组，实行"组长负责制"，结合前期探索进一步修订深化"第二课堂"积分细则，对学生群体意见反馈较为集中的模块进行重点研究，推进日常工作与"第二课堂"实施充分融合，激发院校第二课堂开发潜力。

2. 围绕"第二课堂发展中心"建设，科学搭建学院"第二课堂"工作绩效评估体系

围绕"第二课堂发展中心"建设，科学搭建学院"第二课堂"工作绩效评估体系，通过实施定期考核，着重加强活动质量监控，形成系列"第二课堂"专题报告并及时反馈。

（二）加强"第二课堂"活动有效供给

1. 推进"院校两级第二课堂培养实施方案"落地

结合学生积分需求总量，合理规划院校两级"第二课堂"活动有效供给；鼓励各部门、各学院结合工作特色，着力打造品牌讲堂，提升"第二

课堂"品牌活动供给强度。

2. 引入企业、社团和第三方评估力量

合力推进学校"社团课程化"改革，制定社团活动考核方案、学分折算办法和社团活动指导老师工作量考核激励办法，并加强专项经费支持，逐步实现社团活动充分融入人才培养方案，推进学生社团活动成为"第二课堂"课程的重要延伸和有效补充。

3. 坚持"学院为主、学校为辅"的原则

积极推动"第二课堂成绩单制度"与"教师绩效考核""职称评审"等制度深度融合，发挥学院教师的主动性和积极性，积极组织开展形式多样、内容丰富的"第二课堂"活动，鼓励教师以贴近学生、贴近生活、贴近实际的教育形式，利用学校的教育资源，广泛开展社会调查、生产劳动、志愿服务、公益活动、勤工助学和校园文化等活动，增强实践育人的针对性。

（三）推进系统管理平台升级迭代及生态圈建设

1. "第二课堂信息管理系统"进行升级迭代

对"第二课堂信息管理系统"进行升级迭代，满足师生对软件功能的要求。平台的升级既要解决现有软件的问题和学生提出的困扰，同时也要解决第二课堂信息管理系统与其他软件平台的数据共享互通。

2. 打造全新品牌形象迎合学生需求

深化打造一个集文化展示、O2O 一站式服务以及师生互动活动为一体的"第二课堂"线下体验中心，依托第二课堂品牌建设，搭建院校常规联动的集"微博、微信、微视、手机客户端"的新媒体平台矩阵，设计涵盖吉祥物、漫画等实体、网络系列产品，集聚网络放大优势，向全校学生定期推送"第二课堂"优质内容，深化学生对学校实施"第二课堂"长远目标的价值认同；并在现有模块的基础上，不断进行内容升级，打造学生知识圈、文创圈、社交圈、市集圈和跨界圈五大成长生态圈。

3. 开设学生职业生涯咨询功能

开设学生职业生涯咨询功能，让学生尽快明确目标，合理规划大学四年的学习成长。聘请具有国家级职业指导师资格认证的教师及具有丰富学生人生规划、创业、就业等工作经验的教师为学生线下提供一对一的专业咨询与指导。通过系统记录学生大学四年职业生涯成长任务完成情况，跟踪学生成长轨迹；同时，以学生职业生涯规划为主线，结合"智慧校园"建设资源，通过搭建学生基础数据中心，对接现有的校园业务系统，整合教务处、学生处、后勤处、图书馆等相关部门的业务数据，形成"一平台、多应用"的服务体系，深度开发"学生综合能力""学生安全监控"等服务平台，为学生个性定制"成长服务"，增强学生对"第二课堂"认同和体验。

4. 逐步完善积分认证数据库

学分认证前建立证书、比赛种类等项目库，并不断更新完善，形成准确又权威的数据库。对于数据库以外的学分申报，实行人工补充认定，确保学分认证的稳定性、公平性和时效性。

五、第二课堂成绩单数据应用体系的案例

截至 2019 年，闽江学院通过"第二课堂成绩单"管理平台发布课程共计 2357 次，累计报名总数达 189930 人次，学生参与评价 164456 人次，学生已获得成绩共计 177884 人次，证书认证 51435 人次，平台整体运行良好。

在第二课堂活动供给数量方面，从图 6-1 大数据平台统计分析可以看出，假期第二课堂参与率低，活动供过于求。开学后，活动需求量直线上升且长期处于供不应求的状态。这一数据也反映出第二课堂活动供给数量、种类与学生需求间存在的缺口，对课程的供应者提出了数量与质量的要求。如何合理配置资源，在适度的情况下平衡课程数、课程容量以及积分获得数三者之间的关系，成为下一阶段"第二课堂成绩单"发展中必须

着重解决的问题。这一数据反映出第二课堂活动供给数量、种类与学生需求间存在缺口，对课程的供应提出了数量与质量的要求。

本学期第二课堂活动供需曲线

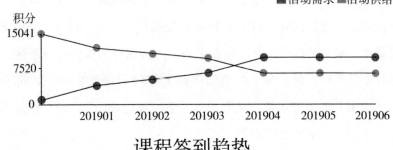

课程签到趋势

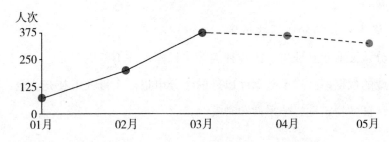

图 6 – 1　闽江学院 2019 年初第二课堂活动供需及课程签到情况

　　图 6 – 2 统计了闽江学院第二课堂各模块课程占比数。在第二课堂活动供给类型方面，思想政治素养、校园文化活动、创新创业能力供给较为均衡，公益志愿服务稍显不足，社会实践能力模块相对短缺。

　　由平台课程占比数据可以看出，部分模块的活动供给不足，这将直接导致学生获取积分压力增大。再者，如此庞大的课程总量必然增加课程申报与审核的压力，也容易导致证书认证、积分授予审核周期过长等问题。

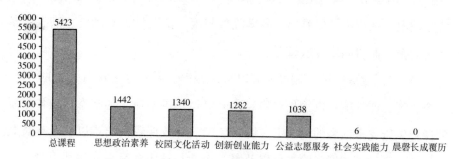

图 6 - 2 闽江学院第二课堂成绩单各模块课程占比数

图 6 - 3 中 69% 的学院学生第二课堂积分都能达到校平均达成率。这说明目前闽江学院"第二课堂成绩单"已经进入稳步运行阶段,以微信作为载体,将网站平台功能中使用最频繁、最具吸引力的选课、查询功能扁平化组合,增强了学生的使用黏性。

值得注意的是,学院学生数较多的海峡学院、海洋学院及经济与管理学院学生第二课堂积分达成率均低于平均水平。活动供给压力对于学生数量多的院系而言更为显著。学生数越多,供需关系越为紧张,需要更庞大的课程数及课程容量才能满足学生的积分需求。

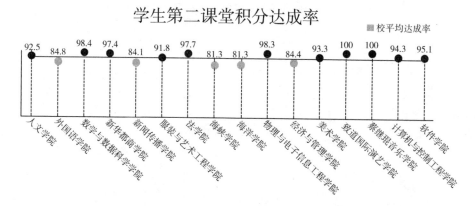

图 6 - 3 闽江学院各学院学生第二课堂积分达成率

　　根据各学院第二课堂的参与度、活跃度、贡献度、协同度、满意度这"五度"构建第二课堂绩效指数。图6-4直观地显示出各学院的第二课堂实施情况。从图中可以看出，各学院参与度、活跃度、贡献度、满意度都较为均衡，而协同度普遍较低。

　　"第二课堂成绩单"制度实施以来，课程供需一直是我们关注的问题。现今，第二课堂项目供给相对稳定，但仍处于供不应求的状态。在各学院的课程供给完全饱和的情况下，协同互助、开放课程供给难以广泛且长久地施行。通过第二课堂院本化以及引入企业、社团和第三方评估力量，合力推进学校"社团课程化"改革，推进学生社团活动成为"第二课堂"课程的重要延伸和有效补充显得尤为重要。

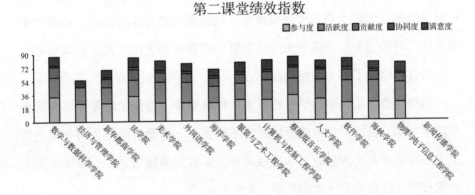

图6-4　闽江学院各学院第二课堂绩效指数

第七章

实现监督预警

——第二课堂成绩单制度质量监控体系

教学质量是高校教育教学能力和教学水平的根本标志，加强教学质量监控，是实现高等教育可持续发展、保证教学质量的有力措施。为了明确学校各单位在教学质量监控中的工作职责，形成第二课堂教学质量监控的长效运行机制，实施第二课堂教学质量的全面管理，提高第二课堂活动质量，加强第二课堂教学质量监控，构建系统的、科学的、有效的教学质量监控体系，通过深入调研、及时反馈，借鉴第一课堂成熟的质量监控体系，构建"第二课堂成绩单"质量监控保障体系是急需构建的内容。"第二课堂成绩单"制度是高校人才培养模式的新探索，是一项动态系统工程，包涵内容丰富，实施过程涉及因素较多，且还没有相对成熟的运行模式，在其发展运行中，必然会有一系列新问题需要及时调整和修正，需要进行科学的质量监控。当然，运行机制的调整也不是盲目的，需要通过深入调研、科学论证才能有效实现。

首先，通过深入访谈、调查问卷、座谈会等方式深入了解学校、教师、学生对"第二课堂成绩单"的认识和需求，在运行机制中设立意见收集反馈环节，在网络系统中设置问题反映及建议模块，告知师生可以及时向有关部门反映情况和提出诉求。其次，科学合理的论证也是必不可少的环节。定期组织专家对项目设置内容进行完善，对运行过程中的新问题进行修正，并提出相关的解决方案，以保障"第二课堂成绩单"制度的运行机制活力。再次，设计评价机制，实时对上课质量情况进行把控，建立一支督导队伍。通过建立一支督导队伍，施行督查机制，定期对上课的内容进行抽查，对上课的质量进行监控，提升第二课堂的质量。响应金课建设的号召，推动金课的落地。

一、第二课堂成绩单质量监控的指导思想和基本原则

以学生成长为目标导向，实现全员参与，系统协作，全程评价，以此为实现第二课堂成绩单质量监控的基本原则，形成质量监控的闭环，服务学生成长成才全过程。此一句加在段落后面，成为基本原则的介绍语。

为充分体现现代教育思想和观念，树立全面科学的发展观，紧紧围绕提高第二课堂教学质量，不断深化教学改革，全面推进教育创新，实现高等教育的可持续发展，坚持"以人为本"，要树立全面质量观和多元质量观。全面质量观的核心是使所有大学生的思想政治、道德、文化、业务、身体、心理等获得全面和谐的发展。多元质量观要求用一种开放式的、灵活的教育体系保护和发展学生的差异和个性，使各类学生都能充分发挥自己的天性，成为具有特色、特长的创造性人才。

（一）目标性原则

第二课堂成绩单质量监控的目的是保证完成第二课堂的各项任务，实现教学和活动的目标。其任务就是发现偏离于第二课堂培养目标的误差，并采取有效措施纠正发生的偏差，从而确保教学任务与教学目标的实现。

（二）全员性原则

人才培养是学校的基本任务，教学工作是学校的中心工作。第二课堂教学质量离不开全体师生员工的共同努力，人人都是质量监控系统中的一分子，其中学生是主体，职能部门是核心，院、室和教师是基础和保证。

（三）系统性原则

第二课堂教学质量涉及教师、学生、教学设施和条件等，还与学校定位、培养目标和管理等有关，是一个系统共同作用的结果。学校、学院、各职能部门、教研室和班级等构成一个多层次、纵横交叉的网络，是一个完整的活动和教学管理系统。

（四）全程性原则

第二课堂教学质量主要是在第二课堂活动和教学实施过程中形成的，不是靠最后的评价检查出来的。因此，质量监控系统应能对活动开展和教学的全过程进行监控，做到事先监控准备过程，事中监控实施过程，事后监控整改过程，然后进入下一循环的监控过程。

二、第二课堂成绩单质量监控的主要监控内容

（一）培养目标

培养目标是教学工作要实现的最终目的，也是评价第二课堂教学效果质量的重要指标。第二课堂教学质量的高低，主要取决于其价值取向、目标定位。学校确立的人才培养目标是：培养具有人文素养、科学素养、学术素养、专业水平、实践能力与创新精神，德、智、体、美、劳全面发展的各类高级应用型专业人才。各学院也要根据学校的目标，确定各专业的人才培养目标。同时，各职能部门也要围绕学校的目标制定各处室的工作目标，为育人提供第二课堂的课程供给。

（二）师资队伍

师资是第二课堂教学工作的核心力量，一所优秀的高等学校一定有一支高质量的师资队伍，第二课堂师资队伍对提高学校的第二课堂活动质量和学校将来的发展起着重要的作用。对第二课堂师资队伍的监控内容是师资的整体结构要合理，要符合学校的定位，要适应第二课堂教学和活动的需要，要适应学校学科专业发展的需要。对第二课堂教师主导作用的监控内容是必须审视第二课堂教师的思想政治、师德修养、敬业精神、严谨治学、教书育人、为人师表情况等。

（三）教学条件与利用

学校的第二课堂教学设施和教学经费，直接影响到学生的学习，影响到教学效果。因此，要监控对校舍、校园文化活动场所、校园网、图书资料、实验室、实训、实习基地与校园环境的建设和投入，监控其使用和管

理状况，最大限度地满足教学的需要。

（四）专业建设与教学改革

对专业建设的监控着眼点在两个方面，一是新增思想政治教育专业，审视其设置是否满足社会需要，是否具有学科基础，思想政治是否过硬，教学条件和教学质量如何等。二是专业培养方案，专业培养方案是本专业组织教学、实现培养目标的总体设计和行动纲领。其实质性内容为课程结构设置。因此，对专业培养方案的监控就在于斟酌其结构设计的科学性和内容组成的针对性。

第二课堂教学内容和课程体系改革是人才培养模式的主要落脚点。因此，对第二课堂教学改革的监控重点要关注教学内容、教学活动、实践活动和课程体系改革，同时，也要审视第二课堂教材建设、双语教学、教学方法与手段改革等的情况和效果。

（五）实践教学

第二课堂实践教学与理论教学既有密切联系又具有相对的独立性，第二课堂实践教学是培养学生的综合素质、培养创新精神与实践能力的重要环节，有着理论教学不可替代的特殊作用。对第二课堂实践教学的监控内容包括实验、实习、社会实践、课程设计、课程论文（设计）等。不同类型的第二课堂实践教学环节在培养方案中的地位、顺序、时间分配等都要符合培养目标的要求，要与相关的第二课堂课程相匹配。

（六）活动和教学管理

第二课堂活动和教学管理是管理者通过一定的管理手段使教学活动达到学校既定的人才培养目标的过程。高校的根本任务是人才培养，这就决定了第二课堂活动和教学管理在学校的管理过程中占有重要的地位。对第二课堂活动和教学管理的监控着眼点在于：一是第二课堂管理队伍结构合理，能发挥最佳的整体管理职能；二是对第二课堂管理者个人具有管理工作德才的要求；三是第二课堂活动和管理过程中要求管理制度健全，执行严格，效果显著；四是各主要第二课堂活动环节和教学环节的质量标准完善、合理，体现学校的水平和地位，执行严格。

（七）学习风气

第二课堂活动和教学质量的提高，需要活动过程中教与学双方的努力。学生不仅是第二课堂教学活动的主体，也是第二课堂活动教学质量的直接体现者。对此，第二课堂质量监控内容要瞄准他们遵守校纪校规的情况、学习目的、态度以及知识、能力、素质的考核成绩。

三、第二课堂成绩单质量监控的运行机制

（一）进一步明确"第二课堂成绩单"质量监控的领导体制

学校和各学院党政一把手是学校和各学院第二课堂整体教学质量的第一责任人，在学校办学资源的配置上，要保证教学人力、物力、财力的切实落实。

学院党政一把手要切实关心本单位第二课堂教学和教学管理工作，充分掌握第二课堂教学和活动的情况，定期召开党政联席会议，研究本单位第二课堂教学和活动中的问题，讨论推进第二课堂教学改革和活动实施的措施，落实教学工作的中心地位。

学校各职能管理部门的处（部）长作为各处（部）保障第二课堂教学质量的第一责任人，要把保证第二课堂教学条件、保障第二课堂教学的顺利运行作为本处（部）的重要工作，强化服务意识，在工作安排上应体现第二课堂教学工作的重要地位，协助校领导合理配置第二课堂教学资源，保证教学质量。

为了有效地组织和实施第二课堂教学管理，提高第二课堂教学质量和工作效率，学校逐步完善了校、院两级第二课堂教学管理体制。校团委是学校实施宏观管理、目标管理的管理机构。各二级学院团委是实施第二课堂教学和活动过程管理的实体，全面负责本单位的第二课堂教学和活动的相关工作，做好第二课堂活动的组织、课程建设、专业建设、品牌建设、师资队伍建设、活动场地建设、项目建设、实践实习基地建设、教材建

设、教学质量的监控与评估、教风建设、学风建设以及第二课堂教学管理和思政干部队伍建设，进行学生的活动记录、活动管理和教学秩序的管理与监督。

（二）进一步加强"第二课堂成绩单"教学和活动等工作信息的收集、整理、分析、反馈与调控

第二课堂活动和教学相关工作信息的收集、整理、分析、反馈、调控是教学质量监控体系的重要环节。第二课堂活动是一个复杂的系统工程，信息量庞大，党政办、宣传部、组织部、学工处、教务处、人事处、招就处、团委、图书馆、财务处、资产处、实验中心、第二课堂教学督导组、学生组织以及各学院都要根据本单位、本部门在第二课堂教学质量监控方面的工作职责，进行教学工作信息的收集、整理、分析、反馈与调控。

（三）进一步完善第二课堂教学和活动质量的评估制度

第二课堂教学质量评估是监控体系的有机组成部分，是对教学质量进行监控的必要措施。为此，学校要重点做好以下三个方面的教学质量评估。

1. 第二课堂活动和教学质量评估

主要评估活动方案和培养目标是否符合社会经济建设与发展的需要，课程体系和活动内容的设置能否实现第二课堂综合素质能力提升的培养目标，各课程与活动的教学大纲是否能够满足课程和活动体系的要求等。

2. 第二课堂课程活动和教学质量评估

主要评估课程教学目的与内容是否与课程体系要求相一致，教学力量、教材建设、教学条件能否达到教学所要求的程度，教学活动效果能否达到课程要求标准等。

3. 第二课堂教学活动质量评估

主要评估开展第二课堂活动教师的理论功底、专业素养、知识结构、教学态度、教学能力、讲授效果及创新精神，评估学生遵守校纪校规的情况、学习目的和态度、知识能力、素质及考核成绩等。

这三个层面实际上是一个整体。第二课堂教学和活动质量形成课程教学质量，第二课堂课程活动质量又构成专业教学质量，凸显课程思政和思政课程，突出思想引领，前者是后者的必备前提，后者是前者的有机综合。

（四）进一步健全第二课堂教学和活动质量监控的各项制度

为加强第二课堂活动和教学管理，不断提高活动和教学质量，在总结以往活动和教学质量监控的经验基础上，学校需要进一步健全活动体验制度、活动设计制度、活动教学检查制度、活动教学督导制度、学生教学信息员制度、各级领导干部听课制度、毕业生跟踪调查制度、教学信息反馈制度、优秀活动和教学奖励制度等，切实发挥各项制度的监控作用。

四、第二课堂成绩单各职能部门质量监控的主要职责

第二课堂教学质量监控的最终目的是保证和提高教学质量，各相关单位、部门和各学院要各司其职，共同实施对教学质量的监控。

（一）校团委

（1）在学校工作领导小组的领导下承担第二课堂教学和活动质量监控的牵头作用；

（2）落实学校的第二课堂人才培养目标；

（3）组织制定各主要第二课堂教学环节和活动环节的质量标准；

（4）有关第二课堂教学和活动工作的信息、资料、数据的收集、分析、整理；

（5）校内第二课堂教学和活动评估的组织工作；

（6）组织第二课堂教学和活动信息反馈的工作；

（7）组织进行对目标、投入和各主要第二课堂教学和活动各环节教学过程（教、学、管）的调控。

（二）各学院

（1）根据学校的目标确定本学院的第二课堂人才培养目标定位；

（2）根据学校制定的各主要第二课堂教学和活动环节的质量标准，制定本学院必要的质量标准或标准的细则；

（3）安排专人或机构负责本学院第二课堂教学和活动质量保证与监控工作，收集、整理、分析教学工作的信息、资料、数据；

（4）规范本学院第二课堂活动档案的归档工作，并将有关信息、资料、数据及其整理、分析的结果报校团委和教务处；

（5）做好学院第二课堂教学和活动评估工作、项目建设评估和课程建设评估中的自评工作；

（6）做好本学院第二课堂教学和活动工作信息的反馈工作，并根据有关的反馈信息对本学院的第二课堂教学和活动工作进行调控。

（三）教学和活动督导组

（1）负责学校第二课堂教学和活动督导组的日常管理工作。

（2）协助学校督导组实施第二课堂教学和活动督导计划，为学校第二课堂教学和活动督导组工作提供保障。

（3）有关第二课堂教学和活动督导工作的信息、资料、数据的收集、分析、整理；

（4）第二课堂教学和活动督导信息反馈。

（四）人事处

（1）抓好师资队伍建设与管理工作，包括第二课堂师资的引进和培养、专业技术职务的评审与聘任等，通过师资队伍的建设与管理，调动广大教师从事第二课堂教学工作和教学改革、努力提高第二课堂教学和活动质量的积极性；

（2）有关学校第二课堂师资队伍建设与管理的信息、资料、数据的收集、整理、分析；

（3）根据有关的反馈信息，做好第二课堂师资队伍建设与管理的调控工作。

（五）学工处

（1）做好学生的学风建设（学生学习积极性与主动性、学生遵守校纪校规、学生的考风考纪等）工作；

（2）搞好学生第二课堂（课外科技文化活动）教育活动；

（3）有关学生学风及第二课堂的信息、资料、数据的收集、整理、分析；

（4）根据有关的反馈信息做好学生学风及第二课堂教育的调控工作。

（六）图书馆

（1）满足教学工作对图书、资料、情报的需要；

（2）有关图书、资料、情报、数据的收集、整理、分析；

（3）根据有关的反馈信息对图书、资料、情报工作进行调控。

（七）财务处

（1）保证日常第二课堂教学和活动经费达到教育部的规定和评估指标体系的要求，能比较好地满足第二课堂教学和活动的需要；

（2）有关第二课堂教学和活动经费的信息、资料、数据的收集、整理、分析；

（3）根据有关反馈信息对日常第二课堂教学和活动经费进行调控。

（八）资产处

（1）在充分论证的基础上，及时制定第二课堂教学和活动设备采购计划，以满足教学要求；

（2）有关第二课堂教学和活动设备的信息、资料、数据的收集、整理、分析；

（3）根据有关的反馈信息对第二课堂教学和活动设备管理工作进行调控。

（九）教务处

（1）在主管校长的领导下发挥第二课堂教学和活动质量监控的主要作用；

（2）落实学校的人才培养目标；

（3）组织制定各主要第二课堂教学和活动环节的质量标准；

（4）有关教学工作的信息、资料、数据的收集、分析、整理；

（5）结合选修课堂等内容，积极组织进行对目标、投入和各主要第二课堂教学和活动环节教学过程（教、学、管）的调控。

（十）现代技术教育中心

（1）各项现代教育技术设施要满足第二课堂教学和活动的需要，为人才培养提供可靠的保证；

（2）有关现代教育技术设施的配备与使用情况的信息、资料、数据的收集、整理、分析；

（3）根据有关的反馈信息对第二课堂教学和活动现代教育技术设施的配置及使用状况进行调控。

五、第二课堂成绩单质量监控体系建设策略

为确保第二课堂教学质量监控工作顺利、有效实施，各相关部门要建立和完善一系列工作制度，要通过制度控制，保持教学质量监控工作的良性运行状态。

各学院要根据本单位实际情况分别在第二课堂教学各环节的管理及质量控制方面建章立制，构建与学校相应的本学院第二课堂教学质量监控体系。

建立第二课堂成绩单质量监控的学业预警制度。根据学生"第二课堂成绩单"制度安排，学校定期通过"第二课堂操作系统"向学生推送"第二课堂成绩单学业预警通知"，各学院每学年必须以书面的形式，向学分累计未达同期规定学分要求的学生下发"第二课堂成绩单"学业预警，做好学生的过程监督和过程管理。

六、第二课堂成绩单质量监控的案例

典型案例：

例1：关于开展闽江学院"第二课堂成绩单"制度学业预警的通知

各学院：

根据《闽江学院关于印发〈闽江学院"第二课堂成绩单"制度实施办法（试行）〉的通知》（闽院学〔2017〕16号）（以下简称《办法》）和《关于印发〈闽江学院"第二课堂成绩单"制度积分评定细则（试行）〉的通知》（闽院团〔2017〕33号）（以下简称《细则》）等文件精神，从2017级学生开始，本科生必须修满《办法》规定的"第二课堂成绩单"学分方可毕业，第二课堂和第一课堂成绩单一并装入毕业生档案。"第二课堂成绩单"成绩采用积分方式计量，4个积分兑换1个学分，四年制本科生必须完成4学分（两年制专升本学生必须完成2学分）。本科生在完成第一课堂学习要求的基础上，至少要完成16个"第二课堂成绩单"积分方可毕业。其中，思想政治素养、晨磬成长履历、公益志愿服务、社会实践能力分别为2个积分，学术科研与就业创业、校园文化活动分别为4个积分，学生必须完成各平台规定的最低积分（经县级及以上医院和本校医务中心证明不适合参加所述活动者可适当减免）。

根据学生"第二课堂成绩单"制度安排，学校定期通过"第二课堂操作系统"向学生推送"第二课堂成绩单学业预警通知"，各学院每学年必须以书面的形式，向学分累计未达同期规定学分要求的学生下发"第二课堂成绩单"学业预警，学业预警告知单包含家长告知联、学生保管联、学校保管联，学生必须亲自签名确认，学院必须保管好学业预警告知单。学校原则上按《办法》和《细则》要求执行，学生本人确认已知学校以上相关规定，若因自身原因可能导致产生的不能结业、毕业、不能按时获取毕业证书和学位证书的由学生自行负责。

附件：闽江学院"第二课堂成绩单"学业预警告知单

闽江学院"第二课堂成绩单"学业预警告知单

（家长告知联）

贵家长：

贵子弟_____相连两个学期所获的"第二课堂成绩单"学分数累计未达同期规定学分要求，将影响到正常毕业，请学生和家长予以重视。

学生签名：_____　　　　　闽江学院×××学院（公章）

　　　　　　　　　　　　　　　　年　　月　　日

闽江学院"第二课堂成绩单"学业预警告知单

（学生保管联）

_____：

你相连两个学期所获的"第二课堂成绩单"学分数累计未达同期规定学分要求，将影响到正常毕业，请学生和家长予以重视。

学生签名：_____　　　　　闽江学院×××学院（公章）

　　　　　　　　　　　　　　　　年　　月　　日

闽江学院"第二课堂成绩单"学业预警告知单

（学校保管联）

_____：

你相连两个学期所获的"第二课堂成绩单"学分数累计未达同期规定学分要求，将影响到正常毕业，请学生和家长予以重视。

学生签名：_____　　　　　闽江学院×××学院（公章）

　　　　　　　　　　　　　　　　年　　月　　日

例2：第二课堂教学质量监控体系框架图

第二课堂教学质量监控体系是为保证第二课堂教学和活动质量、对各主要第二课堂教学和活动环节进行监控的体系，由第二课堂监控机构、监控依据、监控方法、监控对象以及监控关键点等要素组成。

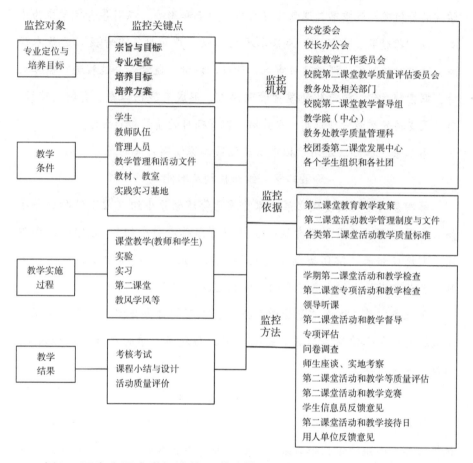

例3：西南交通大学经济管理学院第二课堂质量管理办法（试行）

第一章 总则

第一条 为贯彻落实学校五课堂建设和"五有"交大人培养理念，切实落实学校共青团第二十二次代表大会的任务要求，围绕"复兴交大、创建一流大学"的理想，遵循"格物致知，和合共进"的院训和"培养融通中外智慧、具有量化分析能力的管理精英"的愿景，提高学院第二课堂建设质量，丰富学生的课余生活和拓展学生的活动能力，促进学生成长，根据《西南交通大学第二、三课堂建设实施办法（试行）》，结合学院实际，特制定本办法。

第二条　第二课堂质量管理围绕学校育人的中心任务和学院发展的四大战略，在体现共青团活动政治性、先进性、群众性的同时，结合交大特色和学院的价值观，注重第二课堂项目品质、内涵和影响，以引导青年学生为中心、以"推精品、出新品"为基本思路、以"严审批、重考核"为基本保障，通过对学院第二课堂项目审批、开设、评价、监督等全过程进行整体设计，探索制度化、规范化的质量管理模式，形成有理论探索、有制度建设、有政策支持的质量管理机制，提升第二课堂项目的质量和影响力。

第三条　本办法适用于拟申请我院第二课堂项目库的所有活动。

第二章　组织机构及职能

第四条　学院团委成立第二课堂质量管理领导小组（以下简称领导小组）和第二课堂质量管理考核小组（以下简称考核小组）。领导小组由院团委书记任组长，院团委副书记任副组长，成员包括各学生组织指导老师、会长。考核小组由各学生组织随机选派的学生干部代表组成。

第五条　第二课堂质量管理办公室（以下简称办公室）设在学院团建中心，具体负责学院第二课堂的项目审批与发布、学时在线记录和认定、项目考核评价等工作。

第三章　项目审批与发布

第六条　第二课堂项目的审批分指导老师和领导小组两个层级。最终权限归领导小组的组长和副组长。如果涉及组长和副组长所带的组织申请第二课堂项目建设，应采取回避措施，交叉审批。

第七条　各学生组织应在每学期初汇总本学期拟建设的第二课堂项目，并在活动开始前至少提前两周向办公室提交申请。申请时需提交一份由组织的指导老师签署意见的《经济管理学院第二课堂项目入库申请表》。指导老师应该充分了解申报项目的意义、内容和举办的形式，本着着力提高活动有效性的原则严格项目的审核和审批。

第八条 办公室在收到各组织交来的《入库申请表》后，应及时组织召开领导小组会议，对拟入库的项目进行研讨和审批。审批通过的项目，由办公室负责在线发布和通知主办方。

第九条 申请入库第二课堂的项目应该符合学校和学院第二课堂建设的宗旨和总体要求，且应该具备一定的合理性和广泛性。项目学时的设计原则上应符合"级别高学时高，时间长学时高"的标准，项目单场学时最高不超过 2 学时，如确需增减，由领导小组综合项目的级别、覆盖面、主办方组织能力以及该组织前次或同类活动考核结果等因素决定。

第四章 学时在线记录和认定

第十条 第二课堂项目开展过程中，办公室负责对选课成功并参与活动的学生进行考勤。活动结束后，办公室负责在线记录完成项目参与和项目评价的学生的学时和成绩。

第十一条 第二课堂学时的认定应该严格按照《西南交通大学第二、三课堂建设实施办法（试行)》的规定进行，按要求完成项目参与和项目评价的选课学生方可获得相应学时，中途退出或未完成上述环节者，不能获得学时。

第五章 项目考核评价

第十二条 第二课堂项目开展过程中，考核小组负责对各项目的前期设计、现场组织、学生反馈等环节进行考核。考核方式为无记名打分，考核表详见附件。

第十三条 办公室负责各项目考核成绩的汇总、计算和公示。

第十四条 每学年末，院团委对本学年第二课堂优秀项目和优秀组织者进行表彰。对考核表成绩前 10 名的项目，经过公开选拔、考察和公示后，由院团委对优秀的项目颁发获奖证书。

第六章 附则

第十五条 对项目建设各环节有异议的组织或个人，可以向办公室提交书面复议，领导小组成立由指导老师、学生干部、学生代表等各群体代表组成的第二课堂质量管理监督小组负责处理争议。

经济管理学院第二课堂项目考核表

考核项	要求	评分标准	得分	备注	总分
活动准备满分10分	活动前应准备充分，活动现场所用资料应提前整理	活动的准备充分，资料齐全，得8-10分			
		活动前做过准备，但资料不齐全，得5-7分			
		活动前未作准备，或现场临时准备的，资料不齐全，得1-4分			
活动内容满分15分	主题内容要求深刻、实际，切实关系到大学生学习工作	主题具有较大的现实意义，得10-15分			
		主题单调无法准确表达活动主旨，得6-9分			
		主题偏激肤浅，违背大学生教育目的，得0分			
现场组织满分20分	现场气氛应符合会议的主题，组织有序	现场氛围好，与会议主题契合，得8-10分			
		现场氛围一般，与会议主题基本契合，得5-7分			
		现场氛围低迷，得1-4分			
	组织有序，台上台下互动良好	现场秩序良好，观众有较好反馈，得8-10分			
		现场秩序较好，观众反馈一般，得5-7分			
		现场秩序一般，观众较少反馈，得1-4分			
时间恰当满分5分	时间控制得当	活动时长安排合理，得3-5分			
		活动时长较短，得1-2分			
		活动时长过短，得0分			

第八章

实现社会应用

——第二课堂成绩单制度评价应用体系

一、第二课堂成绩单制度评价应用体系的概念与内涵

在新时代评价观的指导下，在学校不断发展的背景下，针对本科生的综合素质能力评价建立了一种新型的学生评价体系——"第二课堂成绩单"。"第二课堂成绩单"是一种"记录—反馈"式的学生综合素质评价的新方式，通过对本科生课外经历以及荣誉信息的抓取，对学生第二课堂成长的全貌以"成绩单"的形式进行客观的记录和展示，帮助学生全面认识自己，选择适合自己的发展道路。在这里，评价不再是为了将学生进行分类和比较，而是在发展资源充分的基础上，帮助学生更好地与过去的自己进行纵向参照，从而更好地认清自己已经取得的成绩和仍然存在的不足，主动选择适合自己的资源更好地发展自己，让学生在大学期间尽早清晰地认识自己的特点与优势，更好地帮助学生规划未来的职业生涯。

"第二课堂成绩单"评价体系的构建是科学、系统地对第二课堂教育课程的教育方式、特点及价值做出判断的过程。评价体系建立是教学质量不断提升的手段，其最终的目的是在"第二课堂成绩单"制度实施的过程中能不断内省，从而能更好地建设第二课堂。高校"第二课堂成绩单"制度建设主要以学生的培养目标和效果作为评价内容，强调了教育的服务性和自主性。第二课堂课程教育对学生的培养具有长期性与潜在性的特点，而且更为关注学生的学习及过程中的表现，这种表现是整体的、形成性的而不仅仅是简单的结果。"第二课堂成绩单"上学生参与活动的完成与过程中具体可见的成品便于评价，但是学生在活动中能力的提升、情感的体验甚至于人生观、价值观等的变化却是不容易评价的，所以如何构建一个多维度、个性化、多样化的综合评价体系还有待深入研究。现今，根据对文献的检索结果，与此相关的国内外学术研究领域也在积极探索第二课堂评价体系的建设，但是，面向学生发展和社会需求，依托第二课堂网络平台，综合运用开放式数据库，通过对参与活动统计数据分析、学生偏好模型构建、社会认可度调研等方式，实现对培养效果的测量评估的研究成果尚未见发表。

二、第二课堂成绩单评价应用体系存在的问题

实施"第二课堂成绩单"制度，是一项涉及方方面面的系统工程，要搭建沟通平台，努力构建全员、全过程、全方位育人格局。事实上，经过共青团工作者近几年的不断探索和改革，"第二课堂成绩单"制度也不断在完善，但其评价应用体系仍然存在以下问题：

（一）个人方面

当前，学校还没能有效精准地根据学生个人成绩单制定一个较为科学的"成长方案"或"诊断书"，并做到根据活动数据结果对学生的学习、生活、就业进行引导和指导，使学生可以全方位、多角度的发展综合素质。同时，在服务于学生的成长规划中，"第二课堂成绩单"建设应承担"咨询室""研究室""培训室"三大职能，通过大数据更精准地引导学生成长，并通过"第二课堂成绩单"的反馈，激励学生广泛参与各类活动，促进能力素质的均衡发展，提升就业竞争力，但目前精准定位度还不高。

（二）高校方面

构建和实施第二课堂活动课程体系是一个系统工程，为此，学校应当建立切实可行的一体化运作机制，协调统筹好校内各职能部门、各教学单

位以及团学干部队伍等。但目前很多高校专业教师对学生第二课堂的认识不到位，出现部分专业教师将专业知识的传授和思想教育分离，学习和实践相脱节的情况；部分热心的专业教师参与第二课堂指导，完全是靠责任心在做，得不到应有的制度保障，第二课堂质量的提升难以得到重要保障。因此，高校需要加强第二课堂指导教师的队伍建设，规范教师指导要求并给予政策支持。同时，有计划性地组织"第二课堂成绩单"制度建设的相关培训，帮助指导教师了解第二课堂的地位和重要性，强化学校第一课堂教学与第二课堂素质拓展活动的有效衔接，提高学生第二课堂的包容性和开放度，提升学生综合素质，形成全面客观的成长记录。另外，高校在为用人单位输出第二课堂成绩单作为学生就业材料的同时，还要结合社会需求及时反馈，优胜劣汰，不断完善"第二课堂成绩单"制度建设，形成多元化的第二课堂成绩单反馈机制，推动学生素质发展。高校应把提升大学生就业综合素质的提升作为办学理念的长期工作，以市场为导向，不断调整第二课堂的课程及品牌库活动设置，培养具有创新精神和实践能力的大学生。

（三）社会方面

随着市场经济的快速发展，用人单位对大学生综合素质提升也提出了更高的要求。目前，社会已普遍将高校作为提高学生综合素质的主要阵地，在高校输出人才的对接中，积极广泛地吸引社会力量参与人才培养。用人单位本可以通过赞助高校实践平台的打造、积极承接实践基地，深化产学研合作教育等形式，探索人才培养协同创新的方式和途径，不断提高教学水平，但目前成效不高。同时，社会实践原本是可以直接体验，并向用人单位及时反馈，让学生们体会到就业所需的技能，不断提升自己的有效方式，但目前社会实践的水平仍有待提高。因而，在当前社会对大学生综合素质的关注度愈来愈高的情况下，如何提高第二课堂的认可度、满意度，争取全社会关心支持教育事业，共同营造人尽其才、才尽其用的环境是我们必须认真思考的问题。

总而言之，创新型人才培养是当今时代发展的迫切需要，高等教育是培养创新型人才的基地，第二课堂是培养创新型人才的重要途径。提高"第二课堂成绩单"制度的认可度，需要不断加强与学校相关部门、政府有关职能部门以及社会机构沟通联系，"第二课堂成绩单"制度评价应用体系如何更好地实现社会应用还需要我们思考和探索，并不断创新对接社会需求，服务青年成长需求，提高第二课堂认可度，从而进一步满足社会的需要。

三、构建第二课堂成绩单评价应用体系的原则

（一）构建原则

第二课堂成绩单评价应用体系的构建要遵循高校思想政治工作会议精神，以"立德树人"为基准，以"服务学生成长与发展"为理念，重铸大学育人本色。评价体系的构建原则是围绕培养目标，以学生主体为中心，以平台大数据研究为参考，以学生的获得感提升为核心。即体系的构建遵循成果导向教育理念，在构建过程中，"第二课堂成绩单"制度的教育内容实现教育范式由"内容为本"向"学生为本"的根本转变，依托素质拓展网络平台（如口袋校园 PU、"第二课堂成绩单"系统等），综合运用大数据、移动互联网等先进技术，把握学生成长发展规律，建立第二课堂教育评价体系。

以评价为核心，可以分为学生评价、高校评价和社会评价。学生评价以个人需求、参与体验及能力提升为参考，高校评价以学生的全面发展为目标，社会评价以社会人才需求为中心，三者共同构建清晰明了的可量化图表评价，学生参与第二课堂培养成效，不断改进第二课堂的课程设置和内容。科学、合理、系统地确定评价指标体系，既是学校因材施教，鼓励学生个性化发展的需要，也是企事业单位招工选聘人才的需求。

（二）构建意义

美国高等教育学家奥斯汀（A. W. Astin）指出，学生质量是大学质量的根本体现。"第二课堂成绩单"评价体系的构建与实施对科学探究第二课堂的健康发展和服务学生提高综合素质等方面起着非常重要的作用，对学校共青团深化改革的深入开展具有深远的意义。主要归纳为以下几点：

1. 鉴定作用

高校"第二课堂成绩单"制度借助网络平台作为第二课堂管理载体，线上线下对学生的生活、学习、工作等开展个性化的指导与帮助。依托平台大数据，分析对课程开展所获得的评价结果；依据评价体系的系统量化指标，区分课程设置的合理程度或是衡量教学成果是否已经达到所规定的合格标准。

2. 诊断作用

科学探究课堂评价的诊断作用就是在获取评价对象的各类信息后，通过整理分析研究对策。"第二课堂成绩单"制度依托网络平台（PU 系统等）对采集的高校第二课堂成绩单大数据进行分析，对个人素质诊断、团支部活力诊断、社会认可度诊断等协同创新。学生层面，学校出具个人素质诊断报告，帮助学生制定成长规划，有利于个性化教育的发展；教育层面，依托大数据分析结果作为高校人才培养方案修订、课程教育改革、品牌活动删减的重要依据，有利于科学地开展第二课堂育人；社会层面，学生个性化的第二课堂成绩单输出使得"选人用人"具有依据，有利于引导学生素质拓展的"塑造"转变。

3. 改进作用

科学探究第二课堂评价的改进作用，即评价结果及时反馈学生参与第二课堂的学习情况，了解学生的成长体会、收获及需求，学生反馈以更好地改进第二课堂建设为中心，社会评价以社会需求的综合素质人才为中心，科学、合理、系统地确定评价指标体系，不断探索优化课堂教学的路径。通过评价既能了解学生第二课堂开展的真实水平，同时也能发挥高校开展工作的主动性，为学校及时发现第二课堂存在的困难和问题提供科学依据，使"第二课堂成绩单"制度不断完善。通过构建多元化反馈机制，以便更加精准实施人才培养，推动学生综合能力的提升。

4. 整合资源配置

资源配置不均衡在第二课堂教学中存在的问题需要我们用"供给侧改革"的思维创新整合。当第二课堂服务不能满足大学生多元的文化需求，"第二课堂成绩单"制度依托网上平台可以及时反馈第二课堂产品的供给上出现的问题，通过调结构、改制度来满足大学生的需求。由于以前缺乏对信息技术手段的有效运用，活动存在"管理粗放，效率低下"的现象，活动的付出和产出明显不成正比。运用了信息化手段后，及时进行第二课堂教学评价，不仅能精确实现课程的供给管理，还能精确实现课程的效果管理，把学生值得参与的活动课程和学生喜爱的活动课程进行配比整合，实现对团学活动的精细把握。

（三）第二课堂成绩单评价应用体系的构建

1. "第二课堂成绩单"评价体系构建的主体及方式

第二课堂评价体系的构建需要综合学生对第二课堂的评价、学校对学生的评价、社会对学生及学校的评价等多个维度，既要考察学生的满意度、活动的丰富度、学生的参与面、各种校内外活动或竞赛参加及获奖情况；又要从学生的知识、能力、素质等方面的发展考察第二课堂的活动质量，促进学生人格完善、能力提升；此外，还要创新社会需求接口，加强评价信息的反馈，提高第二课堂的合理性。因此，第二课堂教育的评价主体是多元化的，它不仅应该包括学生、教师和高校本身，同时还应该包括社会。只有通过广泛征求意见，准确反映第二课堂实施情况，进行经常性的反馈，去劣存优，做好科学论证，才能为学校人才培养、学生全面成长及社会用人需求提供重要的参考依据。

"第二课堂成绩单"评价体系构建目标之一就是对学生在第二课堂主

干课程学习中的专业技能拓展、社会责任意识提高、实践活动与创新能力培养、社会工作能力提升等方面的评估。学生在第二课堂品牌库活动参与、综合实践、心得体会等活动环节中，平台操作系统反馈学生参与课程的信息，采用"过程性评价""诊断性＋总结性评价"的方式掌握学生的学习体验、成效。从评价方法看，可以选择活动现场观摩评价、走访调研以及问卷评价等。需要强调的是，无论选择的是哪一种评价方式，都应该把评价结果及时反馈给团委第二课堂管理部门，并提供有效的后续改进措施。

2. "第二课堂成绩单"评价体系构建的基本模式

"第二课堂成绩单"制度的实施具有时代性的特征，要求我们在创新和进步中，不断反馈这一制度推行的实际效果。在"第二课堂成绩单"评价体系的构建中，要创新第二课堂教学质量控制接口，以第一课堂课程教学标准为参考，明确第二课堂教学实施标准，与第一课堂评奖评优制度相结合，引入竞争机制与淘汰机制，不断提高第二课堂活动育人质量。以PU平台的第二课堂成绩单制度的评价体系为例，其基本模式为：评价—反馈—决策—执行—监控—评价，是一个动态的有机过程，形成螺旋式的良性循环，以便更加精准地实施人才培养。在具体运行上，实行第二课堂教育课程化、学分制，管理与监控第二课堂活动项目，出具学生第二课堂成绩单、诊断建议，跟踪学生综合能力提升情况，及时整理学生、高校及用人单位的反馈资料，定期总结，并根据实际情况及时调整"第二课堂成绩单"的实施，及时更新课程库，修改学生社会工作能力基础课、"菜单式"公选课课程设置，不断完善课程体系，将第二课堂智慧化与人才培养目标、社会市场需要等进行深度融合。

3. "第二课堂成绩单"评价体系构建的框架

聚焦第二课堂育人缺乏教学质量控制问题，依托大数据平台对各高校学生参加科技创新、文体活动、社会服务等第二课堂的活动情况进行采集，并开展"高校第二课堂成绩单"的大数据分析，通过创新育人工作接口，根据国际工程教育标准与《华盛顿协议》的毕业生素质要求，从不同层面提供精准的诊断评价，对个人素质诊断、团学组织活力诊断、社会认可度诊断等进行协同质量评估，实现对第二课堂育人的智慧导航。"第二课堂成绩单"评价体系可分为事前控制、过程控制和事后控制三个阶段。通过以推进全省高校"第二课堂成绩单"建设工作课程化为背景，以事前控制为契机，掌握课程的过程控制，做好事后反馈的方式来展开。

事前控制：第二课堂成绩单教育在于提高除第一课堂所培养的技能外的其他综合素质。在构建考核体系过程中，把握学生成长发展规律，根据学生需求，分年级分专业的以思想、组织、文化、科技、实践等育人要求分模块设立考核内容，具体各模块的考核指标，以建立育人品牌库的方式形成第二课堂教学大纲，以《教学大纲》的形式对考核评定的方式方法予以确定，以此来实现对高校第二课堂教育的有效控制与评价。同时，根据《华盛顿协议》对毕业生素质要求，将学生个性与专业特点对接、课堂教育与在线学习对接、学校培养与社会需求对接，在"第二课堂成绩单"制度实施过程中做到有的放矢，保证第二课堂智慧化、科学化、精准化。

过程控制：以提高大学生综合能力为目标，运用信息过滤技术构建学生偏好模型，制定科学的"成长方案"，依托第二课堂让学生自主规划参与课程学习，做好活动开展的实时监控。第二课堂活动效果评价指标应从活动的组织、活动内容设置、活动实施效果、学生参与效果四个方面进行评价，评价体系实施过程中要鼓励学生主动参与，规范引导学生学习，建立学生的第二课堂活动档案，了解不同年级、不同阶段的学生在参与过程中的体验与收获。

第二课堂通过网络平台对大数据进行收集分析，根据各类活动举办场次、级别、活动效果、参与人次、学生评价以及各年级、专业学分修读完成率等统计信息，对教学成果进行客观公正的评价，进一步合理配置和优化不同模块课程的开展。

事后控制：在"第二课堂成绩单"制度推进过程中，不可避免地会出现新挑战。除了将系统平台出现的技术问题及时反馈交给技术市场去解决外，更要根据实际需求对第二课堂育人机制予以调整与纠偏。面向社会需求，实时跟踪，及时反馈，不断使就业反馈机制系统化、精确化，为不同层次学生与不同类别组织提供增值服务。同时，社会用人单位需要积极参与教学评价体系的完善，加强与学校的深度融合，提供给学校更多的对口信息源，以增强学生的就业竞争力。另外，评价体系的事后控制还包括校友访谈、用人单位访谈等，考查学生在毕业后一段时间内，"第二课堂成绩单"制度的实施给学生实际工作带来的影响。只有重视多元化的反馈途径，才能不断优化的"第二课堂成绩单"反馈机制。

　　总之，"第二课堂成绩单"制度的教学评价遵循 OBE 理念，在教学培养实践过程中，结合社会调查，从社会需求入手，及时反馈，根据社会对人才的诉求及时调整高校第二课堂的培养要求，创新和完善人才培养方案确定毕业要求，将第二课堂的智慧化与人才培养目标深度融合。要积极构建第二课堂社会评价的多元化反馈机制，形成螺旋式良性循环，以便更加精准地实施人才培养，推动大学生综合能力提升。

四、第二课堂成绩单评价应用内容体系

　　"第二课堂成绩单"评价系统是以全体本科生的课外经历、成果及荣誉等信息作为基础数据支撑搭建而成的网站系统，为建立更加科学的学生评价体系提供了技术支撑（如图 8-1 所示）。该系统对学生在校期间的成长进行全面的记录和认证，可为每一名学生生成一份"发展报告"。其功能主要分为信息查看与编辑，成绩单预览与打印两大部分。信息查看与编辑部分涵盖学生在"第二课堂"的绝大多数信息，包括综合及学业类荣誉，社会工作经历等多个模块。不同的使用人员被分配不同的权限，以实现对数据不同级别的访问及编辑。系统管理员具有最高权限，可以对所有学生的数据进行访问和更新；院系辅导员可以审核所负责班级学生的数据，但不得修改班级内学生的数据；学生只可手动填写及修改自己的数

据。成绩单预览与打印部分可允许学生对其"第二课堂"的成绩进行实时评估，有助于学生对自身的学习和生活进行合理规划，促进学生全面发展。

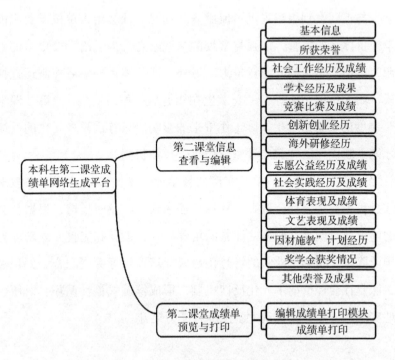

图8-1 "第二课堂成绩单"系统框架示意图

（一）第二课堂成绩单系统的技术实现

"第二课堂成绩单"系统从下而上可分为数据层、服务层和客户层三层架构（如图8-2所示）。服务层框架搭建在 Node. js 环境下，用基于内存的数据库 Redis 保存各类基础数据，并用 Sequelize 框架处理各类数据更新操作。客户层使用了 Pug 框架，通过 Jquery 技术处理网页逻辑并生成可视化的"第二课堂成绩单"。

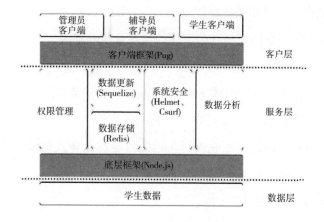

图 8 – 2 "第二课堂成绩单"系统技术实现

1. 数据层

为了全面记录本科生课外经历及荣誉,"第二课堂成绩单"评价系统的基本数据涵盖了学生在学期间除了学业成绩以外各方面的表现情况。包括:基本信息、所获荣誉、社会工作经历及成绩、学术经历及成果、竞赛比赛及成绩、创新创业经历、海外研修经历、志愿公益经历及成绩、社会实践经历及成绩、体育表现及成绩、文艺表现及成绩、"因材施教"计划经历、奖学金获奖情况、其他荣誉及成果等共 14 个模块。各个模块的详细信息说明如下:

(1)基本信息

记录学生的基本信息,包含姓名、性别、出生年月、民族、政治面貌、院系、教学班号、行政班号、专业、学号和入学年月共 11 项信息。

(2)所获荣誉

学生在学期间获得的校级荣誉。含奖学金荣誉和其他校级荣誉称号(个人奖),奖学金荣誉如综合优秀奖、学业优秀奖、学习进步奖等,其他校级荣誉称号如优秀共产党员、优秀学生干部、优秀毕业生等。这一模块不包含社会工作、社会实践、科技创新、志愿公益等分项的荣誉,这些荣誉计入各分项模块中。

（3）社会工作经历及成绩

记录学生在校期间担任社会工作的情况及所获成绩。

（4）学术科研经历及成果

记录学生在学期间进行学术科研的情况及所获成绩。

（5）竞赛比赛及成绩（科技、专业或创业类）

记录学生在学期间与专业或创业相关的竞赛比赛及成绩，国际赛事以及国家级、省部级、校级、院系级的赛事均包含在内。

（6）创新创业经历

记录学生在学期间的创新创业经历。

（7）海外研修经历

记录学生在学期间赴海外进行学术交流的经历。

（8）志愿公益经历及成绩

记录学生在学期间参与志愿公益类活动的经历和志愿工时。

（9）社会实践经历及成绩

记录学生在学期间参与社会实践类活动的经历。

（10）体育表现及成绩

记录学生在学期间的院系级以上体育赛事参与情况及所获成绩。

（11）文艺表现及成绩

记录学生在学期间的文艺活动参与情况及所获成绩，包括但不限于语言、歌曲、舞蹈、器乐类等内容。

（12）"因材施教"计划经历

记录学生在学期间的"因材施教"计划参与经历。

（13）奖学金获奖情况

记录学生在学期间的奖学金获奖情况。

（14）其他荣誉及成果

以上模块中未涉及的其他荣誉及成果。

目前，"第二课堂成绩单"系统采用半自动化的方式获取系统基础数据，数据的导入采用系统自动抓取为主，管理员手动导入和学生自动填写为辅的方式，并通过与学校各个职能部门数据库的对接，定期抓取相应模块的数据。比如，学生的社会实践数据源于校团委实践部数据库，奖学金数据源于校学生处数据库；技术人员可以通过网站的接口对数据进行定期的更新。未来，随着校内各职能部门数据库的逐渐完善，"第二课堂成绩单"系统也将向着自动维护的方向进行完善，实现所有数据的自动更新。

2. 服务层

作为整个系统的核心要素，服务层承担了数据的存储、更新及分析等一系列的工作。下面对服务层的实现进行详细阐述。

（1）数据存储

在"第二课堂成绩单"系统中，我们采用基于内存的数据库 Redis 实现存储的相关操作，将采集之后的基础数据存入数据库。存储过程中，Redis 将数据缓存在内存并周期性地写入磁盘，从而实现高效的数据存储。在"第二课堂成绩单"系统中，由于学生学号的唯一性，我们将学号信息作为每一名学生的 ID。同时，系统将学生的基本信息、各方面表现等信息映射成为 Redis 可识别的数据类型，并与学生学号建立起相应的键—值对。这些键—值对就是最终存入系统的数据，并保存在系统服务器的硬盘上。

（2）数据更新

"第二课堂成绩单"系统是一个交互式的网站架构，系统管理员和学生可定期进行数据的更新，保证数据的时效性，该系统采用 Sequelize 框架实现数据的更新操作。通过调用 Sequelize 框架，可以方便地在数据库中进行各类原子操作，极大方便了网站的日常维护。实际应用的过程中，每条数据的更新需要首先匹配该学生对应的学号，进而根据前文所述的键—值对映射关系对该数据进行定位，最后进行数据的添加、查找、修改和删除等一系列操作。这种方式保证了数据更新的效率，可以为每一名同学提供实时的"体检报告"。

（3）系统安全

由于"第二课堂成绩单"系统涉及在校学生的个人信息，必须保证数据安全，所以"第二课堂成绩单"系统使用 Helmet 和 Csurf 组件保证了系统的安全性能，可以避免各种非安全请求对网页应用的威胁，同时有效防止个人信息的泄漏，保证每名学生数据的安全。

（4）数据分析

数据分析功能可以为学生的发展提供指导及借鉴。首先，系统根据各类学生评价指标建立分析模型。其次采用数据挖掘的方法，对学生目前的发展情况进行刻画，给出客观的分析结果。学生可参考系统给出的分析结果，对自身学习及生活进行合理规划，促进自身德智体美劳全面发展。

3. 客户层

"第二课堂成绩单"系统的客户层以网页的形式呈现给用户，为用户和服务层的交互提供接口。针对不同权限的用户，提供了不同的客户端页面及功能。在学生客户端页面，学生可以更新并管理自身数据；在院系辅导员客户端页面，辅导员可以审核所负责班级内学生提交的数据；在系统管理员客户端页面，管理员可以管理系统内所有学生的数据，同时提供第二课堂成绩单的下载及打印功能。

实施"第二课堂成绩单"制度，是一项涉及方方面面的系统工程，要搭建沟通平台，努力构建全员、全过程、全方位育人格局。事实上，经过共青团工作者们近几年的不断探索和改革，"第二课堂成绩单"制度也在不断完善。

五、第二课堂成绩单评价应用的案例

与传统的评价方式相比，"第二课堂成绩单"不再囿于每个细项指标的分数评定，而是通过记录学生在求学期间的每一个丰富的经历，在社会工作、科研、文艺、体育、社会实践等方面所获得的每一个收获来全面展示一个学生的综合素质与发展状态。对于学生而言，"第二课堂成绩单"

有助于对自己有更好的认识与评价，促进其选择更适合自己的发展道路；对于学校而言，"第二课堂成绩单"实现了对学生全方位的立体评价，成为学校各种评奖评优的重要参考依据。而在未来，"第二课堂成绩单"对于学生的就业指导方面将产生巨大的作用。

（一）评价方式可以全面记录学生发展情况

"第二课堂成绩单"涵盖了学生在校学习发展的方方面面，能够全面展示一个学生过去几年的发展情况，既是学生未来对自己大学生活的回顾，也有利于学校全面了解学生的成长发展路径，使得为学生"画像"成为可能。"第二课堂成绩单"与第一课堂成绩单一样，成绩逐年累加，学生的在校经历不断丰富，其成绩单内容也不断增加。在大学毕业时，学生可以从成绩单中对自己在大学的成长经历一览无余。而对于学校而言，第二课堂成绩单提供了学生综合素质的"整体画像"，为学校各种综合性奖项与荣誉的评定提供了翔实的依据，也使得综合类奖项的评定更加客观、公正。比如，在某一项综合性大奖的评定过程中，某学生的"第二课堂成绩单"详细地记录了他在学术科研、文艺体育、公益志愿、社会实践等多个领域所获得的成绩，充分体现了这名学生全面发展的特点，尽管这名学生的学业成绩并不是第一名，但是由于"第二课堂成绩单"所展现的出色成绩，他还是会获得评委的高度关注。这种将"第二课堂成绩单"作为评奖重要依据的方式打破了传统的以考试成绩论英雄的模式，有助于校内形成鼓励大家全面发展、充分展示自己的氛围和风气。"第二课堂成绩单"数据的收集与分析，也更有利于增进学校对学生的了解，随着数据量不断增加，使得对学生行为、心理、价值观等方面的研究成为可能。

（二）评价结果能够给予学生全面的反馈

以往的综合素质测评虽然在指标设计上力图涵盖思想品德、实践能力、文体特长、科研能力等多种综合性指标，但由于依然是通过主观打分的方式进行评价和评比，最终学生能够得到的结果只是一个空洞的数字以及其在同班同学中的位置，比如，张三同学的综合素质测评在全班同学中排名前1/3。而第二课堂成绩单就像是一个学生的行为记录本，让学生能够充分了解自己的优势和存在的不足，从而根据自身的情况选择最适合自己发展的道路。以一名本科生为例，我们可以清楚地看到两种不同的评价方式对促进学生发展方面的差异。如果按照既往的综合素质测评的结果，学生只能知道自己在同班同学中的排名，无法得到足够的信息，更无法通过测评的结果来进行反馈。而"第二课堂成绩单"清晰地记录了该生在学术科研的道路上不断获得的成绩，从最初完成学生科研训练项目，到全面参与实验室的科研项目，再到在国际期刊上发表SCI论文。正是"第二课堂成绩单"让这位学生充分认识到了自己在科研发展方面的潜力，促使她沿着这条自己选择的道路越走越好，最终获得特等奖学金。

（三）评价反馈能够为学生的发展提供更好的咨询服务

评价不是目的，而是手段。对学生进行评价的根本目标是为了帮助学生更好地了解自己，找到适合自己的成长路径，实现个人良好发展。因此，与第二课堂成绩单配套的是学校完善而丰富的咨询服务体系——学业指导、心理辅导、职业生涯规划。学生可以根据自己的成绩单发现个人的优势与劣势，自主选择"扬长避短"或"扬长补短"，主动获取各类咨询服务，更好地实现人生规划。由于"第二课堂成绩单"能够客观准确地对学生综合素质的多个维度进行全面的展示，学校正着力将第二课堂以往的综合素质测评结果成绩单应用到毕业生择业的过程中，体现学生在校经历的各种培养与锻炼，全面地向用人单位展示学生的综合素质与能力。一方面，"第二课堂成绩单"有助于用人单位根据自身的需求挑选最合适的人才；另一方面，"第二课堂成绩单"也有助于学生充分了解自己的特长与优势，在未来选择工作岗位时更有的放矢。

在教育评价实践中，评价结果的运用对于评价对象及评价本身具有反馈和导向作用。《意见》明确提出，要充分发挥"第二课堂成绩单"的价值，合理运用学生素质能力评价的结果。因此，立足于学生素质能力发展的多元多样，从"第二课堂成绩单"制度对素质教育贡献度评价的角度出发，形成兼具定性和定量评价、过程性和结果性评价、具备高校行政效力的"第二课堂成绩单"显得尤为必要。

综合高校实践调研的结果，根据差异化需求，"第二课堂成绩单"至少有三种模式可供选择：一是"档案式"成绩单，突出过程性评价。按时间顺序记录学生参与的课程，并将其存入学生档案；二是"模块式"成绩单，突出定性和定量评价的结合。对学生思想学习、志愿服务、社会实践、创新创业等优势模块进行突出展示，用于学生学习深造、求职等方面；三是"素质能力式"成绩单，突出评价理论和方法的结合。可参考知名企业人才招聘选拔能力评测量表，结合学生大学四年参与课程的实际情况，对学生素质能力现状建模，量化学生素质能力的养成效果，形成学生素质能力轮廓的"画像"，用于对学生素质能力需求较强的人事部门。

（四）第二课堂成绩单系统的呈现

1. "第二课堂成绩单"系统内容的基本构成

在共青团深化改革的形势和背景下，高校共青团"第二课堂成绩单"制度是高校共青团改革的龙头项目和创新举措，具有重要的意义。结合当前全国高校实施"第二课堂成绩单"的情况来看，其第二课堂学生成长助力项目主要包括思想成长、实践实习、志愿公益、创新创业、文体活动、工作履历、技能特长等七大类，各高校针对其中内容或整合或拓展，但核心内容不变。

思想成长主要包括：各级党校、团校、青年马克思主义者培养工程等学习培训，心理素质教育活动，国防教育活动，思想成长类主题讲座、报告、比赛、团日、班会、参观等，以及获得的相关荣誉。

实践实习主要包括："大学生社会实践"课程，寒假社会实践，预就业实习，港澳台及国内、国际交流访学，实践实习类主题讲座、报告、比赛、团日、班会、参观等，以及获得的相关荣誉。

志愿公益主要包括：支教助残，社区服务，公益环保，赛会服务，海外服务等各类志愿公益项目及志愿公益类主题讲座、报告、比赛、团日、班会、参观等，以及获得的相关荣誉。

创新创业主要包括：各级各类学术科技活动，创新创业竞赛、讲座、报告、团日、班会、参观等，发表论文、出版专著、取得专利、开办创新型企业等，以及获得的相关荣誉。

文体活动主要包括：非专业文艺、体育、人文素养等各级各类校内外主题讲座、报告、比赛、团日、班会等项目，以及获得的相关荣誉。

工作履历主要包括：校内外党团学（含学生社团）组织、年级、班级等工作任职，以及获得的相关荣誉。

技能特长主要包括：语言、计算机、驾驶、职业技能等资格证书，各级各类技能培训主题讲座、报告、比赛、参观等，以及获得的相关荣誉等。

2. 实施"第二课堂成绩单"的价值

实施"第二课堂成绩单"的价值思考主要从目的性价值分析和工具性价值分析两个方面来展开。目的性价值分析主要着眼于其功能定位，工具性价值分析则侧重于其实施过程的价值思考。

（1）"第二课堂成绩单"的目的性价值分析

"第二课堂成绩单"有助于共青团工作的规范化、科学化，有助于提升第二课堂教育质量。规范化是一个组织走向成熟的标志，是任何组织发展的必然趋势。组织的规范化主要有以下三种方式：

第一，完善的制度体系，由粗放式管理转变为精细化管理，它依托一整套健全的制度体系，即基于科学评测之上的组织构成原则和流程操作方案来实现。

第二，精密的运转架构，它讲求高效合理的人力资源配置，权责对等。

第三，合理的绩效评估标准，它可以有效反映组织工作效度，并且有助于其进行横向和纵向的对比，判断发展的定位和趋势。

"第二课堂成绩单"构建了完善的四个体系，即课程项目体系、记录评价体系、数据管理体系和工作运行体系，它以高校共青团组织为主要实施方，通过争取学校党政领导支持、与有关部门和单位合作，在实施过程中注意调动学校全体教师、校外专家企业资源和校内青年学生的参与积极性，力求实现高效合理的人力资源配置，并以合理规范的评价反馈体系为保障，最终推动高校共青团工作的规范化建设。组织的规范化是实现可持续发展的基础，也是保证行动质量的依据，是成功典型推广的助推剂，"第二课堂成绩单"的推行必将有助于第二课堂教育质量的提升。

（2）"第二课堂成绩单"的工具性价值分析

从实施对象角度来说，"第二课堂成绩单"依托网络信息技术实现实时管理，便于操作，利于体验；从实施主体角度来说，"第二课堂成绩单"搭建了科学权威的服务平台，有助于吸引凝聚青年，扩大组织覆盖面和影响力。现代信息技术和移动互联网是教育手段和教育方式改革的重要载体。借助移动互联网，大学生可以根据自身需求在任何地方、任何时间，持续地、无缝地获得各种嵌入和非嵌入的无所不在的学习支持和教育资源。学习与教育环境的开放性、兼容性及信息与物理空间的整合，使得参与者有较强的体验感和良好的接受度。网络工具的便捷性、交互性适应了网络时代青年学生的生活方式，拉近了团组织和青年学生的距离；强大的数据集成和整理能力、科学权威的评价搭建起学生、学校和社会三者之间的有效连接平台，提升了团组织思想引领和利益服务的水平，拓展了共青团的工作领域，扩大了团组织的影响力。

"第二课堂成绩单"的目的性价值分析和工具性价值分析体现了其目的性与规律性的辩证统一，适应了高校人才培养和共青团改革的需要，是理论创新和实践变革的产物，体现了社会发展趋势。作为地方高校，必须认清形势，看清趋势，把握机遇，推动工作更上新台阶。

（3）实施"第二课堂成绩单"的社会效应现状

"第二课堂成绩单"是高校基于网络平台建设"第二课堂主干课程体系"，真实、客观地记录学生在校期间参加各项课外活动、从事团学工作等情况和取得的各类成绩，为用人单位选人、用人提供科学参考的重要依据。当前的社会认可度调查反馈情况如下：

一是社会认知程度。在用人单位对高校"第二课堂成绩单"了解程度的调研中，数据显示不到2%的用人单位非常了解。这说明相当一部分用人单位对"第二课堂成绩单"制度的了解仍处在模糊阶段。因此，高校"第二课堂成绩单"制度的社会宣传力度和重视程度亟待增强；在对部分高校在校学生的调查中，可以清楚地看到，由于第二课堂成绩是学生学分的组成部分，与学生毕业挂钩，高校学生的知晓率几乎全覆盖。

二是社会认同感。在调查研究中发现，社会用人单位和在校学生对"第二课堂成绩单"制度的认可度都比较高，认为高校有必要打造"第二课堂成绩单"制度的统计数接近90%。同时调研发现，第二课堂满意与否的调研中，尽管高校办学层次不同，但大学生对于第二课堂的认可度均较高。

三是用人单位能力评价。经调研发现，社会用人单位对高校第二课堂活动培养学生工作能力的现有方式的满意度不高，非常满意率不到10%，可见当前在培养学生综合能力方面应着重于培养学生社会实践能力、就业与职业技能教育、组织自我服务能力、学业延展与创新创业能力等主干课程内容的教育。社会对于大学生就业能力提升的诉求越来越高。

四是学生第二课堂需求调查。在针对大学生在校期间组织管理能力是否得到提升这个问题的调查中，将近50%的同学认为他们的综合素质在学校期间获得了很大提升。但是同时认为当前学校在第二课堂课程设置方面还有待进一步完善和提高。

第九章

实践落地为王

——闽江学院第二课堂成绩单制度

一、闽江学院"第二课堂成绩单"制度基本情况

为适应学校"十三五"转型发展，全面落实共青团组织自身改革，校团委主动作为、积极融入，根据团中央《高校共青团"第二课堂成绩单"制度试点工作实施办法》要求，抓住学校工作的薄弱环节，把握青年学生发展新需求，深化改革创新，将大数据的方法贯彻人才培养的全过程，以数字化记录形成学生素质总体"画像"，逐步构建闽江学院第二课堂科学管理体系，更好地服务于学校"按发展需要培养人"的战略目标，全面助推大学生成长成才。

（一）闽江学院第二课堂体系建设的必要性

《教育部关于全面提高高等教育质量的若干意见》（教高〔2012〕4号）提出，要完善人才培养质量标准体系，全面实施素质教育，把促进人的全面发展和适应社会需要作为衡量人才培养水平的根本标准。大学生的素质可以分为专业素质和综合素质。专业素质指专业知识与专业技能，综合素质则指思想素质、道德素质、身心素质、科学素质、人文素质、创新精神、实践能力等。综合素质的培养除了在第一课堂教学中渗透相关内容外，还要通过第二课堂来完成。第二课堂因其活动的主体性、内容的广泛性、形式的多样性、参与的实践性，具有较第一课堂更自由灵活的开放性特征，在培养大学生的综合素质方面，具有第一课堂不可替代的价值。当

前，建立完善的第二课堂素质教育支撑体系，已成为闽江学院教育改革发展的重要内容。

(二) 第二课堂建设对学校改革发展的作用

1. 第二课堂是学校思想政治理论实践教育的重要环节

思想政治理论课是加强大学生思想政治教育的主渠道。第二课堂以贴近学生、贴近生活的实践教育方式，充分利用学校的实践教育资源，广泛开展社会调查、生产劳动、志愿服务、公益活动、勤工助学和挂职锻炼等实践活动，有利于让学生切身体会到思想政治理论与社会实践的关系，增强实践感悟和人生体验，从而把思想政治理论的抽象教育与生动活泼的实践教育融为一体，树立正确的人生观、世界观和价值观。

2. 第二课堂是学校专业技能教学活动的有效延伸

随着学校内涵建设的不断深入，第二课堂和专业技能相结合的培养模式在高校人才培养中发挥越来越重要的作用。加强第二课堂体系建设，将专业社团活动和专业技能竞赛等第二课堂活动作为专业技能教学活动的延伸，实现第二课堂实践活动和教学活动的结合，有利于让学生在掌握已有知识的基础上，更好地将课堂接受的知识应用于第二课堂，不但起到巩固已学知识的作用，还能通过第二课堂的开展，激发更多的求知欲望，促进专业技能和专业素质的提高。

3. 第二课堂是学校服务学生成长成才的重要阵地

开展第二课堂建设，有助于校园文化活动的统筹设计管理，增强活动内容、活动形式、活动效果的有效性；有助于吸收学生对第二课堂信息化、数字化管理的建议，为学校第二课堂网络系统全面搭建提供可行性支撑；有助于加大对学生的个性化、精细化服务，依照学而思的成长成才需求，增强活动内容与学生个体发展的匹配度，寻找多种可行渠道精细化服务学生。

（三）第二课堂建设对学生自身发展的作用

1. 第二课堂是培养大学生创新素质的主要阵地

第二课堂的创新活动是课内创新素质培养的重要补充。以课外科技创新为主体的活动，能使学生个体的素质特点得到自由发挥。在课外科技创新活动中，学生以小组或团队的方式组建学习共同体，成员之间相互讨论、充分交流，有利于相互激励和启发。"挑战杯"大学生课外科技作品竞赛、"创青春"大学生创业计划大赛为核心的学科竞赛、创新活动和技能竞赛，成为高校第二课堂活动体系的重要内容和培养学生创新素质的主要阵地。

2. 第二课堂是大学生身心和谐发展的实施平台

在第二课堂建设中，通过构建大学生心理预防系统，提供心理咨询服务，开展心理健康普测，举办心理健康活动，有效增强大学生的心理素质，科学培养大学生的个性和健康人格。各类体育文化活动，能有效释放大学生的学习和就业压力，增强大学生的体质，培养大学生拼搏挑战的精神，以强健的体魄和充沛的精力实现身心的和谐发展。

二、闽江学院"第二课堂成绩单"体系建设的基本思路

（一）基本定位

第二课堂作为高校人才培养的重要组成部分，是第一课堂课程教学的有益补充和深化，是实现学校人才培养目标的重要途径，是大学生素质教育和创新思维培养的重要阵地。

（二）总体方案

明确总体目标和主要任务，构建一个服务对象、三大运行系统（活动平台系统、学分考核系统、网络认证系统）、九大活动平台（思想引领平台、校园文化活动平台、通识教育平台、社团精品活动平台、实践育人平台、学术科研平台、志愿服务平台、就业创业平台、晨馨成长平台）的"139"第二课堂体系。

高校第二课堂成绩单制度体系的理论与实践探索——以闽江学院为例 >>>

1. 一个服务对象

开设第二课堂的目的是为帮助学生更好地适应时代和社会发展，提高学生综合素质、鼓励学生个性发展，成为常规课堂教学工作的有效补充。第二课堂的开设，能丰富学生课余生活，锻炼学生体魄，提高学生学习的积极性和主动性，为学生发挥特长、培养突出能力创造条件，使其增长知识、开阔视野、陶冶情操，成为基础扎实、特点突出、能力全面的未来人才。

2. 三大运行系统

（1）活动平台系统

对现有学生活动分类梳理，形成思想引领平台、校园文化活动平台、通识教育平台、社团精品活动平台、实践育人平台、学术科研平台、志愿服务平台、就业创业平台、晨馨成长平台等九大平台，配合《第二课堂分类引导说明》与《第二课堂分年级引导说明》，为学生参与第二课堂活动提供行动指南。

（2）学分考核系统

闽江学院第二课堂学分划分为必修学分和选修学分两类。必修学分包括思想引领、学术科研、社会实践和志愿服务四类学分，选修学分包括校园文化活动、社团精品活动、就业创业、通识教育和晨馨成长五类学分。学生在校期间必须完成12个必修学分，至少完成8个选修学分。经县级及以上医院和本校医院证明不适合参加所述活动者可适当减免。

（3）网络认证系统

闽江学院第二课堂体系认证以第二课堂微信公众平台和第二课堂网络管理平台为依托，为活动组织方提供活动申报、活动展示、活动管理、活动反馈服务，为活动参与方提供自主选课、学分计算、活动评价、经历记录等服务，探索学生活动的"主体性、互动式、个性化"参与模式。

3. 九大活动平台

（1）思想引领平台

思想引领平台，是要让我校青年牢固树立跟党走中国特色社会主义道路的坚定信念，沿着党指引的方向健康成长。在校党委的领导下，坚持用先进的理论引领青年，用高雅的活动引导青年，用典型的事迹激励青年，用时尚的宣传贴近青年，构建我校大学生思想引领的新局面。

（2）校园文化活动平台

以"闽院好故事、闽院好声音、闽院好形象、闽院好精神"为载体，营造具有闽院特色的和谐融洽的校园文化氛围。积极推进校园文化的整体性、系统性设计，着力搭建校园文化平台，通过统筹校学生会、校艺术活动中心及各系（院）学生会广泛开展涵盖文化艺术、体育锻炼和心理健康等领域活动，服务学生成长成才。

（3）通识教育平台

为提升大学生综合素质水平，实现综合性人才培养的目标，我校在第二课堂中开设通识教育平台，拟通过举办文学艺术、社会科学、自然科学、国际视野等门类的讲座活动，进一步推进学生通识教育和人文素质教育，提升学生综合素质。

（4）社团精品活动平台

学生社团作为校园文化建设、大学生思想教育及青年素质拓展的重要基地，是广大青年学生施展才华、培养能力、结交益友的平台，在创建校园精神文明、打造高尚校园文化、提升学生综合素质、培养学生创新精神与实践能力等方面起着重要的促进作用。

（5）实践育人平台

大学生社会实践是当代大学生了解社会、认知国情、增长才干、锻炼毅力、增强社会责任感的重要方式。为充分发挥社会实践对培养大学生深入社会调查研究、发现并解决问题和增强科研创新意识的推动作用，我校专门由校团委统筹管理，各系（院）团委具体组织，以暑期社会实践、寒假社会实践、其他社会实践为基础建立实践育人平台。

（6）学术科研平台

学术科研平台是为鼓励我校学生高度重视和广泛参与学生学术科研活动而设立的特色平台，该平台将为大学生提供丰富多彩的学术科研活动，激发我校学生的科研兴趣、学术思维和创新意识，提高学生的创新能力。学术科研平台的设立将会进一步规范我校学术科研活动的指导与评审机制，进一步增添校园学术氛围，促进创新型、研究型人才的培养。校团委将统筹各系（院）团委，做好学术科研的作品管理与服务工作，提高我校学生的创新能力和研究水平。

（7）志愿服务平台

志愿服务平台旨在鼓励学生参与各类志愿服务，推动我校志愿服务工作紧跟城市发展的步伐，引导学生传承志愿服务精神。在校团委的指导下，校青年志愿者联合会将统筹学校志愿服务工作，积极为广大学生提供优质的志愿服务机会，调动学生参与志愿服务活动的热情，打造富有特色的闽江学院志愿服务特色品牌。

（8）就业创业平台

就业创业平台的建立，结合了我校培养应用型人才的实际，顺应了时代对大学生综合素质的要求，提高了我校创业教育和就业创业教育的层次和水平，帮助在校学生在第一课堂的专业学习之外参与创业实践、促进职业发展，为学生毕业后开创事业、把握职场提供指导和教育。

（9）晨馨成长平台

晨馨成长平台是针对全校团学干部的未来发展，为我校广大共青团干部量身打造的成长成才平台。此平台旨在培养我校团干部的大局意识和奉献精神，提高共青团干部的工作、沟通、协调等综合能力，形成一支有纪律、能战斗、有思想的干部队伍。

4.具体措施

(1) 顶层设计，制度保障，明确第二课堂工作责任主体

组织保障。学校要站在人才培养的全局，将第二课堂作为高校人才培养体系的重要组成部分，成立以学校主要领导为组长，分管领导为常务副组长，相关职能部门为成员的领导小组，下设办公室，由校团委负责第二课堂活动的统筹规划、实施指导、认证监督。二级系（院）作为第二课堂的前线阵地，负责第二课堂活动的有效实施。

制度保障。健全的工作制度是构建第二课堂人才培养体系并有效实施的基础。应建立完善的第二课堂管理制度，包括组织建设制度、经费管理制度、活动管理制度、学分认证制度等，将第二课堂活动以制度化的方式确定下来，保障活动的顺利开展。

经费保障。加强实践基地、活动场地、辅助设施、网络设施等硬件设施建设，加大第二课堂的经费投入，支持学生学术科研活动、文体竞赛等项目，从经费上保障第二课堂活动的有效开展。

人员保障。重视第二课堂教师队伍和管理队伍建设。根据第二课堂的内容框架体系，部分教师可由优秀政治辅导员来担任。同时，可以建立第二课堂导师制度，聘请校内或校外某些领域的专任教师和专家学者，将专业教育与第二课堂有效结合起来，将指导教师的工作任务折算成工作量；配齐配强第二课堂管理队伍建设。

(2) 三级认证，量化考核，确保第二课堂管理客观公正

第二课堂总学分申请。本科生在大四第一学期末进行学分申请，必修及选修课程均未显示仍有未获得学分的方可申请，申请中各项目若没有溢出学分即可直接申请，若有溢出学分可点选课程进行学分申请，未点选课程将不计学分，但仍将在"闽江学院第二课堂修习认证表"中予以显示。

第二课堂学分审批。每个课程结束后五个工作日内，课程开课部门将进行课程学分审批，审批通过后所有修完该课程的学生将自动获得课程学分记录，学干培养类课程将在每学年初进行统一申报，下学年初进行统一

审批，各校级学生组织学生干部由校团委协调申报、审批，各系（院）学生干部由系（院）统一申报、审批。

第二课堂学分获得。根据课程学分设置获得，课程采取申报—审批机制。课程申报应根据活动性质按照《闽江学院第二课堂计分标准》中各平台、类别所对应的项目进行申请，课程审批应由课程分管部门进行，课程审批通过，即可接受学生选课，学生上课完毕，参与课程评价，即视为此课程修习完毕。学分管理系统将实时进行学分计算，显示每一学生各课程类别、各项目学分修习结果，给出未完成学分数量提示。学生大四第一学期末可申请获得第二课堂总学分。

（3）数字平台，规整项目，引导第二课堂活动品牌创新

整合资源"建"平台。发布第二课堂微信公众号 1.0，将所有第二课堂呈现于微信端，学生可以自主参与选择第二课堂活动，自动记录第二课堂活动的学分，为学生第二课堂实践活动认证评价提供数据支撑。

循序试点"推"平台。采用试点先行、循序渐进的方式，以 2016 级学生为试点，在试点基础上及时做好经验交流和分享，妥善解决有关矛盾和问题。

丰富内容"优"平台。在第二课堂微信公众号 1.0 的基础上，根据实际运行中积累的经验和做法，成功推出第二课堂微信公众号 2.0。

（4）全面培训，宣传推广，激发学生第二课堂主体意识

搞好第二课堂活动宣传。针对第二课堂活动数量过多、质量不高等问题，注重重新梳理学生日常活动，制定第二课堂活动指南，有步骤、分层次做好第二课堂体系的宣传工作。

做好第二课堂活动供给。针对第二课堂活动存在着结构不均衡、年级参与结构不合理的问题，在体系中着重突出人文素质类讲座的重要性，并以通识教育平台和学分考核的形式，强化学生的参与。通过分年级和分类别的引导，提升学生的综合参与，促进学生素质的全面提升。

改善第二课堂活动管理。针对第二课堂活动管理技术落后的特点，顺

应当今电子化、信息化、数字化的潮流，将第二课堂的活动的管理从纸质层面上升到电子层面，配套相应的网站建设，综合形成学生第二课堂一体化网络管理格局。

（5）如实记录，检测反馈，打造独有的"第二课堂成绩单"

校团委定期对学生的第二课堂积分进行监测（尤其对于应届毕业生），并及时向所在系（院）反馈第二课堂成绩监测结果，让系（院）老师参与到第二课堂活动的管理，督促学生在大学期间自主规划、合理安排参与类型丰富的第二课堂活动。

三、闽江学院"第二课堂成绩单"制度的"四梁八柱"

2017 年 8 月，第十五次校长办公会议研究通过《闽江学院"第二课堂成绩单"制度实施办法（试行）》，明确从 2017 级学生开始，本科生必须修满《办法》规定的"第二课堂成绩单"学分方可毕业，第二课堂和第一课堂成绩单一并装入毕业生档案。2017 年 9 月，闽江学院率先在福建省全面实施共青团"第二课堂成绩单"制度；2018 年 4 月，团中央学校部副部长李骥调研闽江学院共青团"第二课堂成绩单"实施情况；2018 年 5 月 4 日，时任中共福建省委书记于伟国，省委副书记、福州市委书记王宁，省委秘书长、宣传部部长梁建勇，省委常委周联清等领导做客闽江学院"第二课堂数字馆"；2018 年 10 月，闽江学院共青团"第二课堂成绩单"制度实施项目入围"福建省第三批大学生思想政治教育创新项目"。闽江学院共青团"第二课堂成绩单"制度的"四梁八柱"可以概括为"五个有"，即有根本的指导思想、有科学的制度安排、有系统的内容体系、有明确的基本原则、有具体的工作要求。

（一）有根本的指导思想

高举习近平总书记新时代中国特色社会主义思想伟大旗帜，深入贯彻落实党的教育方针，继续按照"不求最大、但求最优、但求适应社会需要"的办学理念和"立足福州、面向市场、注重质量、突出应用"的办学宗旨，积极适应高等教育综合改革新发展、共青团组织深化改革新形势和大学生成长成才新特点，坚持立德树人的根本任务，切实遵循人才培养规律、高等教育规律和青年成长规律，深入挖掘第二课堂育人价值，系统提升第二课堂育人实效，逐步健全完善第一课堂和第二课堂深度融合、相辅相成的人才培养模式，培养德智体美劳全面发展的社会主义建设者和接班人。

（二）有科学的制度安排

根据学校构建素质养成、知识传授、能力培养和创新创业教育"四位一体"的基本教育模式，将闽江学院共青团"第二课堂成绩单"制度纳入本科生人才培养体系，制定颁布《闽江学院"第二课堂成绩单"制度实施办法（试行）》和《闽江学院"第二课堂成绩单"制度积分评定细则（试行）》，整体设计4个学分、16个积分（4个积分兑换1个学分）的第二课堂活动。学校成立"第二课堂成绩单"制度实施工作指导委员会，由学校主要领导任主任，分管学生工作和教学工作的校领导任副主任，组织部、宣传部、学生工作部（处）、校团委、教务处、人事处、科研处、对外交流合作处、图书馆、现代教育技术中心、公共体育教学部、马克思主义学院、创新创业学院及各学院党政负责人为委员，指导委员会下设实施工作办公室，挂靠校团委；各学院成立由党政负责人任组长，分管教学工作和学生工作负责人任副组长，教研室主任、团委书记、教学秘书和辅导员为成员的实施工作组；各班级团支部成立由团支书任组长，由学生干部和学生代表组成的认定小组。

（三）有系统的内容体系

闽江学院共青团"第二课堂成绩单"制度主要包括"课程项目体系、记录评价体系、数据信息体系、动态运用体系、价值运用体系"等五个体系和"第二课堂成绩单"一份产品。其中，课程项目体系涵盖"思想政治素养、公益志愿服务、社会实践能力、创新创业能力、校园文化活动、1＋X证书认证"六大平台；记录评价体系主要采用"课程报名参与和证书证明认证"两种形式，真实、客观地记录学生在校期间参加第二课堂活动情况；数据信息体系围绕"学院为主、学校为辅"，"教师引导、学生学习"为主要关系，自主开发闽江学院"第二课堂"网络管理平台和"闽院创新创业学堂"微信公众平台，将第二课堂活动呈现于微信端，学生自主参与选择第二课堂活动，自动记录成绩；动态运用体系通过搭建学生基础数据中心，打破数据孤岛，对接现有的校园业务系统，整合相关部门业务数据，形成标准化的校园数据链，最终形成"一平台、多应用"的服务体系，为学校管理者提供精准的决策数据支持；价值运用体系坚持"按发展需要培养人"的战略目标，运用"蛛网"理论，对第二课堂活动进行权重赋值，构建大学生能力素质模型，全力打造一张"学生有用、学校满意、社会认可"的闽江学院共青团"第二课堂成绩单"。

（四）有明确的基本原则

1. 坚持融入人才培养大局

积极推动修订《闽江学院2017年本科生人才培养方案的指导意见》，注重将第二课堂纳入人才培养的主渠道，不断完善闽江学院共青团"第二课堂成绩单"制度的内涵建设，力求建立起成果导向的"第二课堂成绩单"制度人才培养体系。

2. 坚持服务学生发展需求

秉持以学生发展为本的理念，面向学生成长成才实际需求，逐步构建以"一个服务对象、两份成绩单、三大运行系统、四种角色设置、五项能力模型、六大活动平台"为主要内容的闽江学院共青团"第二课堂成绩单"制度。

3. 坚持发挥第二课堂优势

充分发挥第二课堂内容丰富、形式灵活的优势特点，大力推动学生社团活动"课程化"，主动依托校内、校外资源等将第二课堂打造成为鼓励学生政治锤炼、知识实践、技能拓展、素质养成的载体平台。

4. 坚持突出基层主体地位

坚持以"学院为主、学校为辅"的原则，鼓励二级学院根据工作实际，坚持科学性、合理性和可操作性，在内容设计、平台建设、工作实施等方面积极探索创新，允许"一院一策"或"一活动一策"，不断推进闽江学院共青团"第二课堂成绩单"制度"院本化"工作。

（五）有具体的工作要求

1. 统一思想，加强领导

在学校党委领导下，闽江学院共青团"第二课堂成绩单"制度作为"三全育人"综合改革的一项重要内容，是深化高校共青团改革的牵引性重大举措。2017年3月，学校成立闽江学院共青团"第二课堂成绩单"制度试点工作领导小组，选定六个学院作为试点单位；2017年8月，学校成立闽江学院共青团"第二课堂成绩单"制度实施工作指导委员会，负责制订实施方案，对接教育教学资源，推进部门协同，统筹规划和指导实施；2018年3月，学校成立"闽江学院第二课堂发展中心"，下设教学管理、学务管理、质量监控、信息管理和发展规划五个部门。2018年11月，校团委在现有科室设置基础上，围绕"第二课堂"中心工作，实施"工作小组制"改革，成立一个质量监控（发展研究）组和思想引领、创新创业、校园文化、信息宣传四个业务工作组，实行"组长负责制"，推进校团委日常工作与"第二课堂"实施充分融合，激发院校第二课堂开发潜力。

2. 稳步实施，持续推进

2017年3月—6月，按照"统一部署、逐步实施、分层管理、持续推进"的原则，积极做好闽江学院共青团"第二课堂成绩单"制度试行工作，实现了全部团学工作覆盖，促使系统使用和日常工作紧密结合，提高了团学工作系统化、规范化、科学化水平。从2017年9月起，面向全校2017级、2018级本科生，在福建省率先实施共青团"第二课堂成绩单"制度。截至2019年3月，课程开设2295次，累计报名人次18万以上，参与活动课程并成功签到人次17万以上，参与评价人次16万以上，满意度在4.9以上（满分5分），获得成绩人次17万以上；证书认证累计5.8万以上。

3. 明确责任，强化管理

学校始终把共青团"第二课堂成绩单"制度作为共青团改革的突破口，落实学校团委的工作职责，明确责任人和具体要求，强调相关负责人对第二课堂活动发布内容严格审核，活动实施过程严格监督，记录结果如实登记；在系统运行过程中，坚持"谁发布，谁登记，谁负责"的原则，确保记录全面、真实、有效。

四、闽江学院"第二课堂成绩单"制度的品牌项目

（一）"青春薪课堂"

1. 一种理念：党团衔接、团队衔接

根据团中央和团省委的统一部署，自2016年10月起，闽江学院率先在福建省开展"青春薪课堂"系列活动，坚持"党团衔接、团队衔接"的基本理念，以"青年大学习"为主要抓手，针对青少年不同特点，选拔一大批政治过硬、信念坚定、素质全面的大学生到中小学担任兼职团委副书记、兼职少先队辅导员、特聘宣讲员，通过浅显易懂、生动活泼的主题团课和主题活动课，全面宣讲习近平总书记新时代中国特色社会主义思想和党的十九大精神，认真履行"把优秀的少先队员发展为共青团员、把优秀的共青团员推荐成为共产党员"的光荣职责，切实发挥党的忠实助手和忠诚后备军作用。

2. 一支队伍：习近平总书记新时代中国特色社会主义读书社讲师团

"青春薪课堂"讲师团主要来自闽江学院"习近平总书记新时代中国特色社会主义思想读书社"，这是闽江学院团委下设的一个马克思主义社团，由政治过硬、信念坚定、综合素质较高的大学生骨干组成，成员定期参加闽江学院青年马克思主义者培训班和福州市青年马克思主义者培训班，系统学习习近平总书记新时代中国特色社会主义思想和党的十九大精神。社团培养造就了一大批"坐下来会读写、站起来会宣讲、走基层会调研"的有理想、有本领、有担当的新时代大学生干部队伍。截至当前，闽

江学院习近平总书记新时代中国特色社会主义读书社讲师团成员受聘的中学专职团委副书记、少先队兼职副总辅导员共 56 人，中学特聘宣讲员 64 人，小学特聘宣讲员 110 人。

2018 年 5 月 4 日，省委书记于伟国参加了闽江学院"习近平总书记新时代中国特色社会主义思想读书社"的分享会，与 60 多位老师同学们围坐在一起，畅谈理想、信念、责任与担当。分享会上，7 位师生代表结合各自实际，畅谈了对马克思主义、习近平总书记新时代中国特色社会主义思想的学习心得。于伟国书记说："大家的学习很认真很刻苦，我们为你们点赞！""读书社这个形式很好。大家不仅要读好专业书籍，更要读好学好马克思主义这部'大书'、习近平总书记新时代中国特色社会主义思想这部'大书'。"

2018 年 5 月 31 日，习近平总书记新时代中国特色社会主义思想读书社的同学走进茶园山中心小学，为队员带来以"你好，新时代"为主题的少先队活动课。中共福建省委副书记、福州市委书记王宁走进福州市茶园山中心小学三年级（五）班邱少云中队，与队员们一起参加了本次少先队活动课，并给予肯定。

3. 一项活动：坚持的基本原则

一校一课，不搞"一刀切"，不采取"一刀切"的做法，因"校"制宜，针对各校特色，同时结合时间节点，分类型开展主题团课和少先队活动课，循序渐进，分阶段共建，根据实际情况，制定系列共建目标和日常推进计划，力求达到最优的效果。校校携手，不搞"包办制"，不采取"包办制"的做法，从主题团课和少先队活动课的实际选题、策划方案撰写到具体实施，遵循"共同组织、共同策划、共同实施"的要求，由闽江学院团委和所对应的中小学合作完成，力求实现校校之间的最大公约数。教学相长，不搞"灌输式"，不采取"灌输式"的做法，充分借助现代新媒体技术，通过中小学生喜闻乐见的方式，使主题团课和少先队活动课从"有意义"到"有意思"，使大学生在实践锻炼中自身能力得到提升和中小学生真正学有所得、学有所获。

采用的主要形式是：围绕"新时代、新思想"主线，以宣传习近平总书记新时代中国特色社会主义思想和党的十九大精神为核心，坚持以政治导向为抓手，扶持优质社团、实践活动，切实做好高校的思想政治教育工作，其通过引入体验式培训教学，大力开展实践活动，将党团的"大道理"转换成"小故事"，弘扬爱国精神。参与活动的学团干部切换视角，强化认知，完成"成己达人"的目标，具有较强的示范效应，值得复制推广。

（二）社团活动"课程化"

学生社团活动课程化主要是基于"社团功能定位、合理计划活动、有效培训成员"，从制度保障层面，将学生社团活动纳入本科生人才培养方案；从组织保障层面，实行部门归口管理和职责分工；从量化考评层面，制定明确的学生社团活动总体考核方案；从激励服务层面，制定学生社团活动指导老师工作量及考核办法；从经费扶持层面，给予充足的学生社团活动经费支持。

社团活动课程化主要包含四个阶段："课程化"运行的前期阶段、中期阶段、后期阶段和评估反馈阶段。前期阶段的参与主体主要是校团委，负责课程的选取、筛选和采购；中期阶段的参与主体包括校团委、社团组织。其中，社团组织扮演着重要角色，主要负责课程的二次论证、可行性分析、专业社会合作资源的选择；后期阶段涉及的主体包括社团、高校学生、社联和第三方评估机构；评估反馈阶段所涉及的主体包括第三方评估机构、社团和校团委，其中，第三方评估机构在这一个阶段扮演着重要角色。

目前，学校书法协会、音乐协会分别开设"书法艺术欣赏与实践"（初级）、"大学生钢琴教育示范课程"（初级、中级），深受广大学生的一致好评；下一阶段将从全校所有社团中遴选课程化活动，让更多学生在社团活动中获得幸福感、成就感。

（三）大中小学综合素质教育一体化工程

借鉴现有较为成熟的"第二课堂成绩单"制度、"学生发展大数据平台"的运行经验及成果，着力搭建福建省大中小学生素质教育评估体系，以试点学校"少先队员""共青团员""共产党员"推优为突破口，探索出一套可落地的大中小学生素质教育一体化解决方案，在推进我市青少年素质教育和思想道德建设工作模式创新，拓宽教育部门、团组织和高校间彼此协作的渠道，更好服务青少年学生成长成才等方面具有较好的实践意义。

2019 年 5 月举办的第二届数字中国峰会，闽江学院、福州市团市委、福州市教育局将联合发布福州市大中小学生素质教育一体化解决方案、福州市大中小学德育一体化实践典型案例成果和闽江学院"第二课堂成绩单"工作实践成果，通过现场讲解、实物展示、互动体验、展板介绍、视频音频以及 LED 大屏互动等手段，重点介绍高校第二课堂系统平台、第二课堂互动服务终端、大学生发展大数据平台、第二课堂互动服务机器人。

（四）凝练闽江学院第二课堂新五大工程

根据学校深化"第二课堂建设"综合改革的总体要求，将原有的"第二课堂成绩单"制度实施模块内容进行重新调整，进一步凝练"思想政治素养提升、公益志愿服务助力、社会实践能力培育、创新创业能力训练、校园品牌文化建设"五大工程，并结合目前各职能部门分工及工作运行实际，确定具体工作任务。

围绕"第二课堂发展中心"建设，筹划成立"闽江学院青年发展研究中心"，科学搭建有利于分类指导、可操作性强的"第二课堂"工作绩效评估体系，实施定期考核，加强"第二课堂"活动质量监控，形成系列"第二课堂"专题报告并及时反馈，严格责任落实。加强"第二课堂成绩单"制度实施与年度工作计划衔接，充分体现"第二课堂成绩单"制度实施深化方案提出的发展目标和重点任务，及时上报工作进展，定期开展工作交流、总结经验，发现问题，确保"第二课堂成绩单"制度实施取得实效。

（五）实行第二课堂"工作小组制"模式

根据《闽江学院共青团改革实施方案》和《闽江学院"第二课堂成绩单"制度实施办法》，在借鉴西方企业管理实践经验的基础上，围绕高校"第二课堂成绩单"制度实施项目进行分组分工，小组成员在项目日期内专职专项的一种组织管理新模式。成立专门工作小组，实行"组长负责制"，将高校"第二课堂成绩单"打造成为学校人才培养评估、学生综合素质评价和社会单位招录毕业生的重要依据。

成立一个质量监控（发展研究）组和思想引领、创新创业、校园文化、信息宣传四个业务工作组。在学校党委领导下，专门工作小组统筹做好第二课堂工作整体规划、管理指导、督导检查和绩效评估；明确各工作组的工作职责和岗位要求，落实"人岗匹配"的原则，将各工作组的工作完成情况、个人工作成效作为年终绩效考评和评优评先的重要依据。

五、闽江学院"第二课堂成绩单"制度实施阶段性总结

（一）实施基本情况与存在问题分析

截至 2020 年 3 月，全校"第二课堂"发布课程共计 5357 次，累计报名总数 299930 人次，学生参与评价 274456 人次，学生已获得成绩共计 287884 人次，证书认证 151435 人次，平台整体运行良好。

2018 年 11 月至 12 月，校团委成立工作小组，通过线上网络调研和舆情分析素材，面向各处（部、室）、各学院、各单位开展了多场"第二课堂成绩单"的调查和学生意见反馈会；结合 12 月 27 日校党委何代钦书记主持召开的学生座谈会征集的意见，深入分析我校"第二课堂成绩单"在制度设计、活动供给、系统平台等方面存在的问题。

1. 制度设计

学生对《闽江学院"第二课堂成绩单"制度积分评定细则（试行）》的平台积分分布、具体积分认定规则、实施办法等还存在不同的异议和模

糊界定的内容。

2. 活动供给

活动供给数量、种类与学生需求间存在一定缺口，部分平台的活动供给严重不足，积分获取压力较大；各级主体供给活动质量参差不齐，且设置较为分散，缺乏统一规划，实效性较差；学院间还存在较高的活动壁垒，活动共享率较低。

3. 系统平台

系统开发不够完善，存在漏洞，发现个别学生用外挂等技术方法进行非正常抢课、让课等行为。开课、签到功能实现不够稳定，证书认证、积分授予审核周期过长，学生意见申述渠道不通畅等现象依然存在。

（二）具体解决的思路和措施

针对以上问题，校团委提出以下解决方案，循序推进，力求提升"第二课堂"的品质，让学生满意。

1. 深化"第二课堂"制度设计改革

校团委在现有科室设置基础上，围绕"第二课堂"中心工作，实施"工作小组制"改革，成立一个质量监控（发展研究）组和思想引领、创新创业、校园文化、信息宣传四个业务工作组，实行"组长负责制"，结合前期探索进一步修订深化"第二课堂"积分细则，对学生群体意见反馈较为集中的晨馨成长履历、公益志愿服务平台进行重点研究，推进校团委日常工作与"第二课堂"实施充分融合，激发院校第二课堂开发潜力。

围绕"第二课堂发展中心"建设，科学搭建学院"第二课堂"工作绩效评估体系，实施定期考核，着重加强活动质量监控，形成"第二课堂"专题系列报告并及时反馈。

2. 加强"第二课堂"活动有效供给

推进"院校两级第二课堂培养实施方案"落地，结合学生积分需求总量合理规划院校两级"第二课堂"活动有效供给；鼓励各部门、各学院结合工作特色，着力打造《闽江论坛》《教授大讲堂》等品牌讲堂，提升"第二课堂"品牌活动供给强度。

引入企业、社团和第三方评估力量，合力推进学校"社团课程化"改革，制定社团活动考核方案、学分折算办法和社团活动指导老师工作量考核激励办法，并加强专项经费支持，逐步实现社团活动，充分融入人才培养方案，推进学生社团活动成为"第二课堂"课程的重要延伸和有效补充。

坚持"学院为主、学校为辅"的原则，积极推动"第二课堂成绩单制度"与"教师绩效考核""职称评审"等制度深度融合，发挥学院教师的主动性和积极性，积极组织开展形式多样、内容丰富的"第二课堂"活动，鼓励教师以贴近学生、贴近生活、贴近实际的教育形式，利用学校的教育资源，广泛开展社会调查、生产劳动、志愿服务、公益活动、勤工助学和校园文化等活动，增强实践育人的针对性。

3. 推进系统管理平台升级迭代及生态圈建设

（1）对"第二课堂信息管理系统"进行升级迭代，满足师生对软件功能的要求

闽江学院建校60周年校庆期间，福州校企邦网络科技有限公司向我校捐赠第二课堂成长平台V2.0一套、第二课堂智能终端一台，助力深化第二课堂工作。新的平台既可解决现有软件的问题和学生提出的困扰，同时可与学校其他软件平台的数据共享互通，如"第三课堂数据管理系统"等，对于推进我校利用大数据重塑校园人才360度培育、人才培养质量客观评价有着重大的意义。

（2）打造全新品牌形象，迎合学生需求

深化打造一个集文化展示、O2O一站式服务以及师生互动活动为一体的"第二课堂"线下体验中心，筹建青年新媒体中心，依托"青橙邦"第二课堂品牌建设，搭建院校常规联动的集"微博、微信、微视、手机客户端"的新媒体平台矩阵，设计涵盖吉祥物、漫画等的实体、网络系列产

品，集聚网络放大优势，向全校学生定期推送"第二课堂"优质内容，深化学生对学校实施"第二课堂"长远目标的价值认同；并在现有模块的基础上，不断进行内容升级，打造学生知识圈、文创圈、社交圈、市集圈和跨界圈五大成长生态圈。

（3）开设学生职业生涯咨询功能，让学生尽快明确目标，合理规划大学四年的学习成长

聘请具有国家级职业指导师资格认证的教师及具有丰富学生人生规划、创业、就业等工作经验的教师为学生线下提供一对一的专业咨询与指导。通过系统记录学生大学四年职业生涯成长任务完成情况，跟踪学生成长轨迹；同时，以学生职业生涯规划为主线，结合"智慧校园"建设资源，通过搭建学生基础数据中心，对接现有的校园业务系统，整合教务处、学生处、后勤处、图书馆等相关部门的业务数据，形成"一平台、多应用"的服务体系，深度开发"学生综合能力""学生安全监控"等服务平台，为学生个性定制"成长服务"，增强学生对"第二课堂"的认同和体验。

闽江学院在我省率先全面实施高校共青团"第二课堂成绩单"制度，逐步构建以"一个服务对象""两份成绩单""三大运行系统""四种角色设置""五项能力模型""六大活动平台"为主要内容的共青团"第二课堂成绩单"制度运行模式。

做好顶层设计，明确责任主体。成立闽江学院"第二课堂成绩单"制度实施工作指导委员会，由学校主要领导任主任，分管学生工作和教学工作的校领导任副主任，各职能部门及各学院党政负责人为委员，指导委员会下设办公室，挂靠校团委，负责统筹规划、指导、考评和实施；各学院成立由党政负责人任组长，分管教学工作和学生工作负责人任副组长，教研室主任、系（院）团委书记、教学秘书和辅导员为成员的实施工作组；各团支部成立由团支书任组长，由学生干部和学生代表组成的认定小组。实施共青团"第二课堂成绩单"制度"一揽子计划"，先后颁布《闽江学院"第二课堂成绩单"制度实施办法（试行)》《闽江学院"第二课堂成

绩单"制度积分评定细则（试行）》，制定《闽江学院"第二课堂成绩单"制度实施操作指南》《闽江学院"第二课堂成绩单"制度"院本化"实施方案》，将"第二课堂成绩单"制度实施纳入学校年度工作重点和部门绩效奖励范畴。

合理制度安排，科学量化考核。融通第一课堂与第二课堂，明确第二课堂教学要求与安排，修订学校本科人才培养方案，安排 4 个学分（共 16 个积分，4 个积分兑换 1 个学分），内容涵盖思想政治素养、晨磬成长履历、公益志愿服务、社会实践能力、创新创业能力、校园文化活动等六大活动平台。采用学生参与活动考核和证书证明考核两种形式，学生参与活动考核遵循教师课程申报、管理员审批、学生自主报名三个环节，证书证明考核必须按照系统提示，填写完整信息拍照上传进行认定。

开发数字平台，构建能力模型。自主开发闽江学院"第二课堂"网络管理平台（1.0 版）和"闽院创新创业学堂"微信公众平台，开设"人脸识别""地理位置精准定位""大数据分析"，将第二课堂活动呈现于微信端，学生自主参与选择第二课堂活动，自动记录第二课堂活动积分。围绕学生组织管理能力、学习能力、创新能力、实践能力和心理承受能力等五项基本能力，运用"蛛网"理论，对第二课堂活动项目进行权重赋值，研究构建学生能力素质模型，全力打造一张"学生有用、学校满意、社会认可"的共青团"第二课堂成绩单"。

六、闽江学院"第二课堂成绩单"制度相关实施文件

附件一：

关于组织申报闽江学院"第二课堂成绩单"制度"院本化"
实施方案的通知

各学院：

根据共青团中央、教育部联合印发的《关于在高校实施共青团"第二

课堂成绩单"制度的意见》和《闽江学院"第二课堂成绩单"制度实施办法（试行）》等文件精神，实施"第二课堂成绩单"制度既是全面贯彻落实习近平总书记提出的"要重视和加强第二课堂建设"的重要要求，又是持续推动高校思想政治工作改革创新、深度融入高等教育综合改革、纵深推进高校共青团改革、不断完善学生发展服务体系的迫切需要。自2017年9月起，我校率先在福建省全面实施"第二课堂成绩单"制度，基本实现了第二课堂活动的科学化、系统化、制度化和规范化。为进一步拓展我校"第二课堂成绩单"制度实施的内涵和外延，明确学院作为"第二课堂成绩单"制度实施的主体地位，经研究，拟组织我校"第二课堂成绩单"制度"院本化"实施方案申报评选工作。具体通知如下：

一、申报时间

即日起至2018年9月3日12：00

二、申报流程

1. 学院自行提交《闽江学院××学院"第二课堂成绩单"制度"院本化"实施方案》纸质版一份，电子版发至指定邮箱：258419790@qq.com。

2. 学校组织人员对申报方案的科学性、合理性和可操作性进行评定，择优筛选出五个"第二课堂成绩单"制度"院本化"试点单位，并给以一万元专项扶持经费用于开展第二课堂活动，经费使用必须遵守学校财务相关规定要求。

3. 学校每月将对试点单位实施情况进行过程评估，凡与申报方案不符或严重推迟进度的将立即终止经费支持，并做全校通报。

三、申报要求

1. 紧紧围绕《闽江学院"第二课堂成绩单"制度实施办法（试行）》和《闽江学院"第二课堂成绩单"制度积分评定细则》的总体要求，结合学院实际情况和专业特点，允许在特定领域探索第二课堂活动的积分评定方式、评定类别和评定标准。

2. 申报方案要突出科学性、合理性和可操作性，明确学院第二课堂活动的总体规划和特色品牌活动，允许"一院一策"或"一活动一策"，具有一定影响力且面向全校性的活动可列入校级活动予以认定。

3. 申报方案要附上明确的经费预算和经费开支的细项。

附件：《闽江学院××学院"第二课堂成绩单"制度"院本化"实施方案》模板

闽江学院××学院"第二课堂成绩单"制度"院本化"实施方案（模板）

一、实施基础和存在的主要问题

1. 学院第二课堂的实施基础

2. 学院第二课堂实施的薄弱环节

二、总体要求

1. 指导思想

2. 基本原则

3. 实施目标

三、实施内容与预期成效

（一）"思想政治素养"平台实施计划

1. 实施内容

2. 预期成效

（二）"晨馨成长履历"平台实施计划

1. 实施内容

2. 预期成效

（三）"公益志愿服务"平台实施计划

1. 实施内容

2. 预期成效

（四）"社会实践能力"平台实施计划

1. 实施内容

2. 预期成效

（五）"创新创业能力"平台实施计划

1. 实施内容

2. 预期成效

（六）"校园文化活动"平台实施计划

1. 实施内容

2. 预期成效

四、经费预算

五、实施进度（以月份为节点）

六、保障措施

×××系（院）2017级"第二课堂成绩单"制度实施方案（参考样本）

一、实施意义

"第二课堂成绩单"制度是学校综合改革方案的重要组成部分。实施闽江学院"第二课堂成绩单"制度，进一步深化以学分制为核心的教育教学改革，构建素质养成、知识传授、能力培养和创新创业教育"四位一体"的基本教育模式，促进大学生全面发展。

二、实施目标

闽江学院"第二课堂成绩单"制度采用积点换学分方式计量。通过客观记录、有效认证、科学评价学生参与第二课堂的经历和成果，促进"第二课堂成绩单"成为学校人才培养评估、学生综合素质评价、用人单位选人用人的重要参考。通过工作理念、课程设计、制度构建、系统开发、理论研究等一系列的探索创新，进一步厘清"第二课堂成绩单"制度的科学内涵、工作内容、运行逻辑，形成一套行之有效的工作理念、工作机制和工作方法。

三、实施要求与安排（4学分）

类别	活动内容	要求	学分	积分	备注
1	思想政治素养	记录学生入党、入团情况，学生参加党校、"储英班"、团校和青年马克思主义者培养工程培训班以及大学生文明修身工程等相关活动的情况	0.5	2	具体详见有关文件通知
2	晨磬成长履历	记录学生在校级、系（院）学生组织，学生党支部、团支部、班委会以及在校团委正式注册的学生社团中担任主要学生干部的情况	0.5	2	
3	公益志愿服务	记录学生参与的文明城市创建、关怀弱势群体、扶贫济困、公益宣传、校园各类志愿公益活动、帮孤助残、法律援助、支教服务、社区建设、交通安全、义务献血以及其他专项志愿服务活动	0.5	2	
4	学术科研与就业创业	学术科研包括学术讲座、学科竞赛、项目研究和论文发表、专利发明四大类；就业创业包括就业创业类竞赛和自主创业	1	4	
5	社会实践能力	记录学生参加"三下乡"社会实践活动、寒暑假社会实践、就业实习、岗位见习、港澳台及国际交流访学及其他实践活动的情况	0.5	2	
6	校园文化活动	记录学生参加文化艺术类、体育锻炼类、体育竞技类和心理健康类校园文化活动；参与国家级及以上、省部级、校级、系（院）级等校园文化活动竞赛的情况	1	4	

说明：

1. 学生"第二课堂成绩单"成绩采用积分方式计量，4个积分兑换1个学分。

2. 本科生至少要完成16个"第二课堂成绩单"积分方可毕业。其中，思想政治素养、晨磬成长履历、公益志愿服务、社会实践能力分别为2个积分，学术科研与就业创业、校园文化活动分别为4个积分。

四、学院"第二课堂成绩单"制度学生活动供给一览表（模板）

	活动类别	项目名称	积分	参与人数	是否限定本系（院）
1	思想政治素养（2积分）	开设学院青年马克思主义者培养工程培训班			
		组织学院主题团日活动			
		……			
2	晨馨成长履历（2积分）	根据相关部门提供的佐证材料认定			
3	公益志愿服务（2积分）	根据校院青联志愿者管理部门提供的佐证材料认定			
4	学术科研与就业创业（4积分）	组织相关专业学术讲座或报告			
		学科竞赛活动根据学生个人提供的佐证材料认定			
		……			
5	社会实践能力（2积分）	组织学院暑期大学生"三下乡"社会实践活动			
		……			
6	校园文化活动（4积分）	组织校园文化艺术类活动			
		组织体育锻炼类活动			
		……			

系（院）负责人：

系（院）核对人：

附件二：

关于遴选"闽江学院第二课堂学生助教"（第二批）的通知

各学院：

按照学校综合改革方案精神，进一步深化以学分制为核心的教育教学改革，逐步构建素质养成、知识传授、能力培养和创新教育"四位一体"的基本教育模式，从2017级起，我校开始全面实施"第二课堂成绩单"制度。根据《闽江学院"第二课堂成绩单"制度实施办法》（闽院学〔2019〕1号）等文件要求，为进一步提升我校第二课堂教学质量，让更多优秀的学生参与第二课堂教学管理，经研究决定，拟面向高年级学生遴选"第二课堂学生助教"（第二批），具体通知如下：

一、遴选对象

闽江学院2015级、2016级全日制优秀本科生

二、遴选岗位

1. 专业类学生助教（20名）

（1）课程辅导。按照指导教师的要求进行课程答疑，帮助基础较差的学生，并对共同性问题进行集体辅导，应做到答疑渠道畅通。

（2）习题课讲授。包括教学内容总结、典型问题和作业常见错误讲解、课堂练习与辅导。同时，根据学生的实际情况，有针对性地开展教学。

2. 综合类学生助教（20名）

分享学生思想政治素质提升、组织管理能力、学生团队合作能力、沟通交流能力培养和工作业务技能提高等方面的经验和做法。

三、遴选条件

申请人应具有较强的工作责任心，身心健康、学业成绩优良，并能够胜任岗位工作；申请人必须提前联系好助教课程指导老师。

申报专业类学生助教者的专业方向与所申报的助教课程相近的情况下，可优先考虑。

申报综合类学生助教者必须有丰富的学生干部经验或者具有某方面的特殊表现。

四、遴选程序

1. 个人申请

符合条件的学生根据自身情况，认真填写《闽江学院第二课堂学生助教申请表》，于2019年3月20日（周三）前将纸质版一式两份送至融侨文体中心 A202 创新创业学院办公室，电子档发送至报名邮箱 602389474@qq.com，联系人：翁易莹 18250536661；

2. 岗位聘任

由创新创业学院统一组织遴选，对申请人进行面试和综合考核。3月20日—3月31日，根据岗位要求进行面试，面试合格者必须参加统一组织的培训，经综合考核后与受聘学生签订《闽江学院第二课堂学生助教工作协议书》；

3. 岗位试用

助教试用期为1个月，必须完成2次以上（含2次）授课，根据综合考评（参照管理考核要求）决定是否继续聘用。对不能胜任岗位职责或不认真负责的学生，将给予解聘。学生如因个人原因不能承担助教工作，应提前两周向创新创业学院提出书面解聘申请。

五、试点课程

专业类课程：微积分、线性代数、概率论、大学英语、经济学、会计学、统计学、C 语言程序设计、JavaScript 程序设计、WEB 前端设计。

综合类课程：学生思想政治素质提升、组织管理能力、团队合作能力、沟通交流能力培养和工作业务技能提高等课程。

六、面试要求

申报专业类学生助教者可根据所选课程的某个章节或某块内容制订一份完整的教学计划。

申报综合类学生助教者需有丰富的学生干部经验或者具有某方面的特

殊表现，自行拟定主题制订一份完整的教学计划。

七、管理考核

在老师的指导下，学生助教应认真做好课程备课工作，并在"闽江学院第二课堂后台"及时发布课程、授予成绩；

每学期将对学生助教进行考核，最终考核分数＝指导教师考核分数×50％＋学生总体评议分数×50％，分数在90—100分为优秀、80—89分为良好、60—79分为合格、60分以下或者超过1/3的调查学生不满意的为不合格；

对考核为合格或不合格的学生助教，可中止岗位聘任。

八、津贴标准

学生助教岗位津贴标准为每次课程50元，以"闽江学院第二课堂后台管理系统"统计为准，按月结算。

附件1：闽江学院第二课堂学生助教岗位申请表

附件2：闽江学院第二课堂学生助教工作协议书

闽江学院创新创业学院

共青团闽江学院委员会

2019年3月14日

附件1：闽江学院第二课堂学生助教岗位申请表

学生姓名		学号		专业	
学生类别	（ ）本科生	联系电话			
	（ ）硕士生	联系邮箱			
申请岗位类别			课程名称		
指导教师			申请岗位起止年月		
个人助教经历、相应能力与优势简介					

续表

对申请课程的掌握情况	
申请岗位的指导教师意见： 签字： 年 月 日	
所在学院团委意见： 签字： 盖章 年 月 日	
学校意见： 签字： 盖章 年 月 日	

附件2：闽江学院第二课堂学生助教工作协议书

学生姓名： 所在学院：

学　　号： 年级专业：

岗位类别		课程名称	
起止时间		指导教师	
酬金额及支付方案	津贴标准为每次课程人民币50元，以"闽江学院第二课堂后台管理系统"统计为准，按月结算		

被聘学生主要工作内容和职责

1. 主要工作内容：主要包括专业类学生助教和综合类助教。其中，专业类学生助教：(1) 课程辅导。按照指导教师的要求进行课程答疑，帮助基础较差的学生，并对共同性问题进行集体辅导，应做到答疑渠道畅通。(2) 习题课讲授。包括教学内容总结、典型问题和作业常见错误讲解、课堂练习与辅导。同时，根据学生的实际情况，有针对性地开展教学。(3) 综合类学生助教。分享学生思想政治素质提升、组织管理能力、学生团队合作能力、沟通交流能力培养和工作业务技能提高等方面的经验和做法。

2. 工作要求及考核：在老师的指导下，学生助教应认真做好课程备课工作，并在"闽江学院第二课堂后台"及时发布课程、授予成绩；每学期将对学生助教进行考核，最终考核分数=指导教师考核分数×50%+学生总体评议分数×50%，分数在90—100分为优秀、80—89分为良好、60—79分为合格、60分以下或者超过1/3的调查学生不满意的为不合格；对考核为合格或不合格的学生助教，可中止岗位聘任。

被聘学生签字：
年　月　日
所在院（系）团委领导签字：
盖章　　　年　月　日

附件三：

闽江学院团委（创新创业学院）工作小组制实施方案

根据《闽江学院"第二课堂成绩单"制度实施办法（试行）》，在现有团委（创新创业学院）科室设置基础上，成立1个发展研究（质量监控）组和4个业务工作组，即思想引领、创新创业、校园文化、信息宣传，每组成员互为AB角，实行组长负责制，具体设置及岗位职责如下：

发展研究（质量监控）组： 设组长1名，副组长1名，负责党支部工作，负责督办4个项目组日常工作落实、重点工作推进情况、部门效能管理、绩效考核，采用"每周督办制"；负责制定学校第二课堂建设发展规划、"第二课堂成绩单"制度标准化体系、考评体系建设、年度第二课堂发展报告。

思想引领组： 设组长1名，成员1名，负责团委综合办公工作及行政事务，部门考勤；负责OA管理，办公室文化建设，值班安排，勤工队伍管理，资产管理，绩效方案制作，财务报销，各类数据汇总，各项评估评比联络，各类总结、汇编、请示报告；负责第二课堂思想政治教育模块、学生干部成长履历模块、公益志愿服务模块建设，基层组织建设及青春"薪"课堂品牌活动；建立青年思想研究中心。

指导学生组织： 团委会（办公室、组织部、宣传部、校青联、校红十字会）；

重点联系学院： 人文学院、法学院、数科学院、软件学院

创新创业组： 设组长1名，成员3名，负责创新创业学院综合办公工作及行政事务；负责全校学科竞赛（互联网＋挑战杯、创青春）、学术讲座、学生研究项目及创新创业，大学生孵化基地建设；负责第二课堂创新创业能力模块建设；负责学生组织和业务工作财务报销。

指导学生组织： 大学生创新创业服务中心

重点联系学院：商学院、经管学院、计控学院、物电学院

校园文化组：设组长 1 名，成员 1 名，负责中心组织开展大学生文化艺术类活动及社团课程化活动，文体实践评选，实践育人工作，负责第二课堂校园文化、社会实践模块建设；负责融侨文体中心和第二课堂数字馆场地使用管理；负责工会工作，关工委工作；负责团委党支部的宣传工作；负责学生组织和业务工作财务报销。

指导学生组织：校学生会、校社联、艺术实践中心

重点联系学院：外国语学院、美术学院、服装学院、音乐学院

信息宣传组：设组长 1 名，成员 1 名，负责第二课堂的综合事务，"第二课堂成绩单"信息管理系统及宣传推广服务，平台建设，第二课堂整体 VI 品牌形象打造；第二课堂网站建设；负责校长基金项目；建立素质教育研究中心；本业务模块的财务报销工作。

指导学生组织：第二课堂发展中心、（筹）青年传媒中心

重点联系：新闻传播学院、海洋学院、海峡学院、福墨学院

附件四：

学生关于第二课堂运行的意见分类汇总

类别	具体意见
制度设计	1. 对于大部分未加入校级或院级组织的同学，晨磬成长履历平台的加分较为困难；志愿服务平台的时长要求过高，普遍感觉很难修满。为了通过第二课堂拿到学分，很多同学存在盲目选课、上课，功利性过强的倾向，甚至出现部分同学请假专业课而去参加第二课堂活动的情况； 2. 大部分同学存在着六个平台积分差距大的现象，比如，较为容易获取积分的思想政治素养和校园文化活动平台，一旦修满，学生参与此类平台活动的积极性就会下降。

续表

类别	具体意见
活动供给	1. 第二课堂活动种类不够丰富，类型较少，讲座形式的活动比重较大，整体供给数量明显不足，抢课现象时常发生； 2. 部分学院现在专业课较多，挤占了课余时间，很难保证第二课堂系列活动的顺利开展； 3. 部分学院开设的课程所授内容内涵较低，存在课程断层的问题，未形成体系，使得其缺乏深度，导致学生的兴趣不大，只是被动地参加系列第二课堂活动； 4. 学院间还存在较高的活动壁垒，活动共享率较低。
系统平台	1. 系统微信端拍照签到时容易出现系统崩溃、签到定位不准确、卡顿的现象，排队签退效率低； 2. 官方微信黏度还不强，学生群体对于课程开设等通知信息获取不及时； 3. 系统还存在一定的安全隐患，催生了一些学院学生利用专业优势自主开发自动抢课类的辅助软件来实现快速抢课并让课的行为，在课程供给不足的情况下，容易引起广大学生不满； 4. 第二课堂活动审核标准不一，使得同一类型的活动在不同的学院存在不同的审核状态； 5. 活动积分审核和证书审核效率较低，证书认证、积分授予审核周期过长的同时，一旦认证失败，学生并不知晓原因，且平台内还未形成完整的学生诉求反馈窗口，使得学生诉求很难及时传达到负责老师手上，以得到及时解决。

附件五：

"第二课堂后台管理系统"升级迭代重点优化点

	原有方式	升级变化
签到时间设置	课前五分钟开始签到，课后五分钟结束签到	签到时间设置，增加多次签到设置，增加签退功能
签到方式	人脸+百度定位	人脸+高德地图，动态二维码签到签退功能切换使用
课程面向对象	没有逻辑管理，存在诸多矛盾	增加了逻辑判断，消除前后矛盾
活动/课程级别	只有校级	增加了学院、班级维度，包括校级、院系级、班级，且可配置
活动/课程状态	待审核、已发布、已结课、已退回、草稿、已关闭	增加以下状态：审批不通过、报名中、待开展、进行中、已取消，便于审核人员精准定位责任人和活动进程
评价星级维度	只有一个课程评分的评价维度	可以自定义星级评价的维度，可以依据工作需要增设多个维度
评价方式	强制评价	开放评价，强制评价可以配置
认定库	无认定库	赛事、资格认证等能作为认定库的都已优化，学生只能通过选择进行认定，保证基础数据的一致性
活动分数给予方式	人工审核	系统按照预设流程全自动完成积分认定
证书参数	固定证书等级、分类	可自定义参数名称、个数、类型
用户密码	弱密码，极易被破解，导致系统数据不安全	强密码，保证数据安全
签到补签	通过老师补录	学生一键补签，老师只需要审核

	原有方式	升级变化
多角色参与	原有可以增加多角色，但是分数由开课老师自由定义	校级管理员可以统一设定多角色，不同角色的积分分值设定通过设定参与者的分值倍数来确认
活动积分规则	无规则	根据学生入学年份、活动级别、活动分类统一定义活动积分规则
诚信信用	诚信信用无真实记录，数据不准确	信用记录与学生积分一样，有交易记录
审批环节	审批环节个数及名称固定，如申课初审，申课终审	审批环节名称及个数可自定义
组织结构	只有学院管理及专业管理	增加了班级管理
学生数据	学生的学年及学历信息的可选属性固定	增加了学年管理、学历管理，可自定义，如学年名称、时间范围、学历名称、学制年数等
教师微信端	无审批功能	增加活动补签审批及活动报名审批功能
咨询预约管理	无	增加职业规划咨询预约及记录管理模块

附件六：

第二课堂成绩单管理平台微信端学生操作手册

1. 登录

1.1 激活账号

关注学校第二课堂官方微信公众号，输入正确的学号、身份证号后六位、上传本人真实照片，点击【登录】，完成个人学籍认证，即可进入第二课堂主页面。

1.2 认证照片须知

学生上传个人头像，请按照以下标准进行上传，以免造成活动签到、签退（人脸签到）失败，影响活动/课程积分的获得。

C 校企邦
zone

学生账号认证照标准须知

◆**符合标准**◆

本人真实正面照

◆**不符合标准**◆

1. 非本人照片
（如：明星照片等）

2. 无法识别脸部照
（如：侧面照，背影照等）

3. 对着自己照片进行拍照

4. 模糊不清的照片

5. 非人物照
（如：卡通图，风景图等）

6. 美颜过度的照片
（如：使用美图软件，PS软件等）

特别说明：
请务必按照标准上传学籍认证照片，否则会导致签到（人脸签到）无法通过，
影响活动积分的获得。

1.3 上传证件照

学生进入第二课堂主页面，系统会强制弹出提示（请上传正装照用于成绩单展示），点击【确定】按钮。

页面跳转至"学籍信息"页，点击【编辑】按钮，上传正装照片。确认无误后，点击【保存】按钮即可生效。

⚠️ **注意事项**

1. 上传正装照不需要通过管理员的审批。

2. 成功上传正装照后，系统不会在弹出强制提示。

2. 学习

点击【学习→推荐课程、最新活动】或搜索所需的活动/课程名称进行报名，列表只展示该名学生可报名的活动/课程。

2.1 推荐课程／最新活动

·按照报名开始时间的正序排列（即马上开始报名的课程/活动在最前）。

·状态只显示：待报名、报名中（即去报名）的课程。

·推荐课程/最新活动：只展示最新的三个课程/活动。

2.2 快捷键

（1）快捷签到、快捷签退

点击【学习→快捷签到、快捷签退】按钮，根据角标提示，点击【签到/签退】快捷按钮，快速跳转至对应的活动/课程的签到/签退界面。

（2）新增证书

点击【学习→新增证书】按钮，页面跳转至新增证书页面，学生可直接填写证书相关内容并进行提交。

2.3 轮播图

学生在学习中，点击轮播图海报，查看轮播图展示的内容。

2.4 系统公告

学生在学习中，点击右上角的【系统公告🗨️16】按钮（红色角标：未读的公告数），查看面向自己的公告内容，点击查看相关内容。

3. 分类

学生在活动平台中选择对应的活动分类查询相关的活动/课程列表，"分类"展示已发布的活动/课程列表及状态【去报名、报名中、待开展、进行中、已结束】。

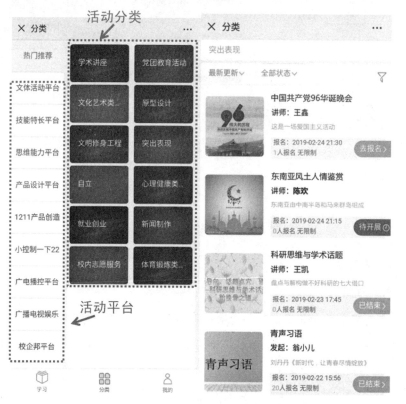

在分类中，通过教师墙中教师头像选择教师后，在"开课列表"页，可查看该名教师已发布的活动/课程名称及状态。

> ⚠️ **注意事项**
>
> 1. 非本次活动/课程所面向的学生，也可通过"开课列表"页进行查看。
>
> 2. 列表内容不显示状态为：草稿、待审批、审批不通过、取消的活动/课程。

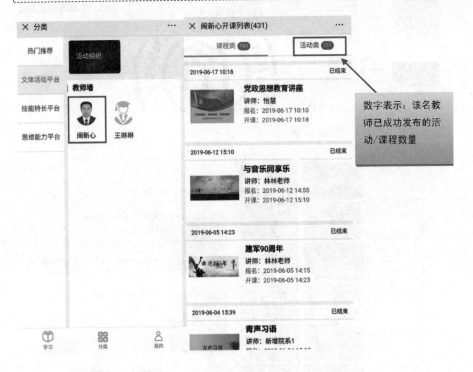

4. 活动报名

4.1 详情页

点击学习或分类中，根据当前状态选择要参加的活动/课程。

在详情页中查看活动/课程简介、角色、积分、报名时间、课程时间、签到/签退时间、补签时间、评价时间、面向对象、评价。

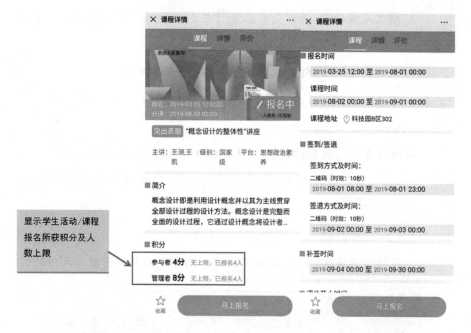

显示学生活动/课程报名所获积分及人数上限

4.1.1 积分显示0分

活动/课程详情页中，如出现积分为0分，具体原因如下：

1. 本次活动/课程面向全体人员，但只针对发起人勾选的对象给予积分，非勾选的对象不会获得积分。

（1）已报名（非面向）的学生，完成活动/课程全部环节【签到、签退、评价】后，不会获得积分、诚信值。

（2）已报名（非面向）的学生，未完成活动/课程全部环节，则同样会被扣除诚信值。

2. 学生不面向对象内，但教师通过名单导入方式添加学生。

（1）学生完成活动/课程全部环节【签到、签退、评价】后，会获得积分。

（2）未完成活动/课程全部环节，则同样会被扣除诚信值。

（3）学生一旦取消报名，则无法重新报名该活动。

4.2 活动收藏

在详情页点击【收藏】按钮，可成功收藏当前活动/课程，显示"已收藏"。如需取消收藏，点击【已收藏】按钮，可取消收藏当前活动/课程，显示"收藏"。

4.2.1 微信推送

预约课程开始提醒，点击跳转活动详情页（首次签到开始前5分钟）。

4.3 报名活动

4.3.1 选择角色

选择状态为【报名中】活动/课程进入详情页，点击【马上报名】按钮，在报名页选择角色，确认无误后，点击【提交报名】完成报名。

⚠️ 注意事项

1. 学生如果被活动发起人，在创建活动/课程时通过导入名单方式指定为某个角色，则视为默认报名成功无须重新报名，且系统会有微信推送通知。

2. 通过导入名单的方式参加活动的学生，在报名未开始前，【我的活动、我的课程】列表为空，需在报名开始后，所报活动/课程才会显示在列表中。

4.3.2 不可重复报名

在【活动开始－活动结束】相同时间段内，学生不可同时报名多个活动/课程。

点击【马上报名】按钮，弹出提示"报名失败，您在同一时间已报名其他课程或活动！"

> ⚠ **注意事项**
>
> 　如需参加同时段其他活动/课程，请务必将【我的→我的活动/我的课程】中状态为【我的报名】【待开展】【进行中】中所有的活动/课程取消报名；或联系活动发起人取消学生报名角色。

4.3.3【报名活动】规则

1. 每个活动/课程只允许报名一个角色，不可同时报名多个角色。

2. 角色报名

① 参与者：无须审批。

② 管理者、负责人：需在报名结束前通过发起人审批，才能视为报名成功。如未能按时通过审批，默认为报名失败，退回理由统一为：活动已开始。

 注意事项

所报名角色是否需要活动发起人员审批，依据本校实际实施情况进行。

4.3.4 微信推送

活动即将开始通知。点击跳转活动详情页（用于活动开始前五分钟提醒）。

活动报名成功通知。点击跳转我的报名详情页（仅限教师通过导入名单）。

4.4 报名审批状态

点击【我的→我的课程/我的活动→我的报名】查看在报名结束前，所报角色的申请状态【待审核、未通过、已通过】。

4.4.1 审批记录

根据列表右上方显示的审批状态，点击活动列表在"我的报名详情页"查看所申请角色的基本信息、历史报名记录、驳回原因。

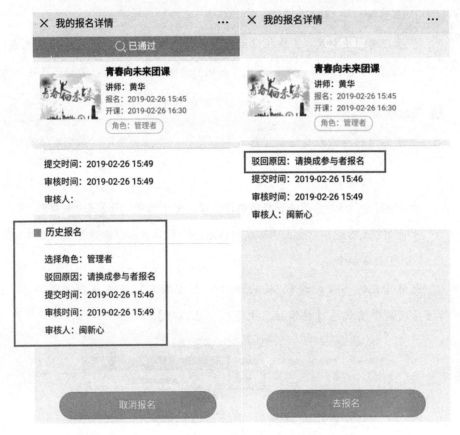

4.4.2 报名审批规则

1. 报名结束前：通过审批，即为报名成功，反之视为报名失败。

2. 报名结束后：所报角色未审批，系统自动退回报名申请，理由统一为【活动已开始】。

4.4.3 微信推送

报名审批结果（通过，不通过），点击跳转：我的报名详情页。

4.5 取消报名

用户点击【我的→我的课程/我的活动】，在状态为【我的报名】中，选择需要取消报名的活动/课程。在列表页或者详情页点击【取消报名】按钮，即可取消报名。如需要重新报名，点击【去报名】可继续勾选角色进行报名。

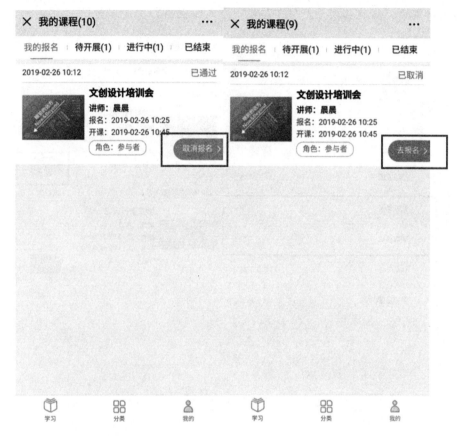

4.5.1 【取消报名】规则

1. 报名结束前：不论学生申请的角色审批通过还是拒绝，均可随时取消报名，重新进行报名，且取消次数不做上限。

2. 报名结束后：学生无法自行取消报名。如需取消报名，请在活动结束前，联系活动发起人进行取消。

4.5.2 微信推送

微信推送：报名取消。点击跳转：我的报名详情页。

4.6 活动签到

活动时间开始且报名成功的学生,点击【我的→我的活动/我的课程】,选择状态为【进行中】活动/课程,点击【签到】按钮,在签到有效时间内,按照签到方式(①扫码;②人脸识别)完成签到。

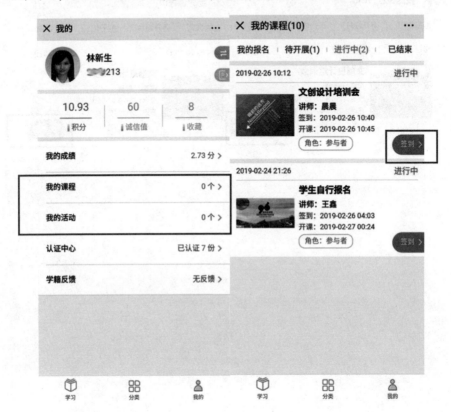

4.6.1 微信推送

预约课程开始提醒,点击跳转活动详情页(用于首次签到前五分钟提醒)。

4.6 活动签退

活动/课程时间结束后,点击【我的→我的活动/我的课程】,选择状态为【已结束】活动/课程,在签退有效时间内,按照签退方式(①扫码;②人脸识别)完成签退。

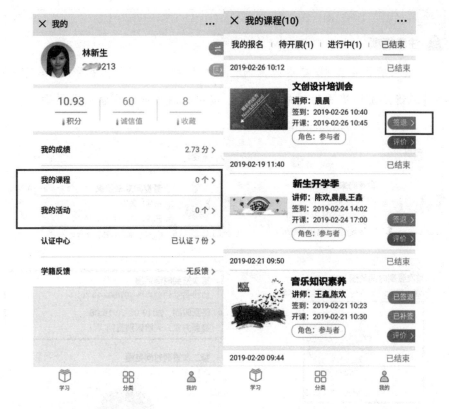

4.7 签到/签退方式

4.7.1 人脸识别

在"签到""签退"详情页，在当前活动签到/签退有效时间内，点击【人脸识别签到】，在现场拍摄个人照。所拍照片与学生个人中心照片，根据系统设置的匹配率进行比对。

⚠️ **注意事项**

请务必确认已打开手机定位，且已处于签到/签退有效范围内。

无法完成进行签到/签退的原因：

1. 现场所拍照片与个人头像不匹配。

2. 学生未在活动签到/签退有效范围内，请前往有效签到/签退范围内。

注意事项

如已确认在签到/签退范围内，依然显示【当前不在签到/签退范围内】，请点击详情页的【刷新定位】按钮或通过微信刷新当前页面。

·查看签到/签退地理位置

点击【我的→我的活动/我的课程】，在签到/签退页面点击【查看定位】按钮，可查看学生所在地与签到/签退位置的距离。

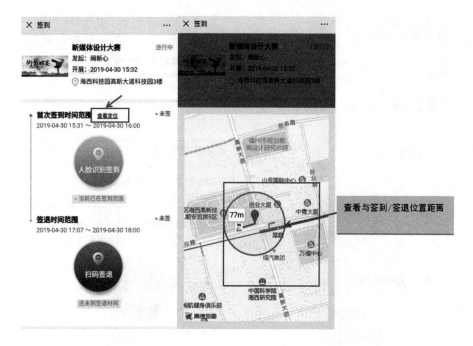

4.7.2 动态扫码

方法一：

在"签到""签退"详情页，在当前活动签到/签退有效时间内，点击【扫码签到】，系统自动开启微信扫码功能，学生通过扫描教师提供的二维码完成签到/签退。

方法二：

在签到/签退有效时间内，可直接通过微信自带的【扫一扫】功能，学生通过扫描教师提供的二维码完成签到/签退。

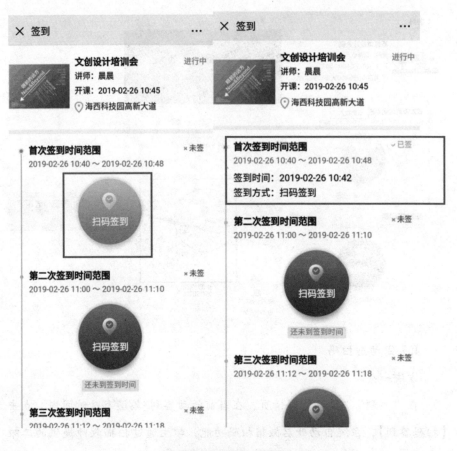

4.8 活动补签

活动/课程签退结束后，如学生出现手机没电、无网络信号等特殊因素，无法按时完成签到/签退。

点击【我的→我的课程/我的活动→已结束】，点击【补签】按钮，在补签有效时间内，填写并提交补签申请。

⚠ **注意事项**

1. 补签时间未开始，不显示【补签】按钮。
2. 只针对活动过程中，未签到、未签退的学生，提供【补签】。

4.8.1 审批记录

提交补签申请后，可通过【我的→我的课程/我的活动→已结束→已补签】查看审批状态【待审核、未通过、已通过】及审批详情。

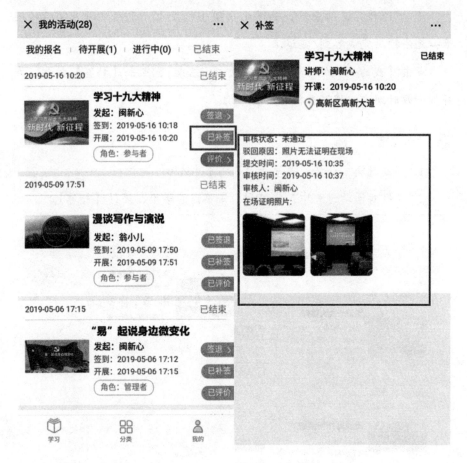

4.8.2【补签】规则

1. 需通过活动发起人的审批,即为补签成功,反之即为补签失败。

2. 只允许提交一次补签申请。

3. 补签为一次性补签活动过程中所有未完成【签到】和【签退】。

4. 活动评价:不支持补签。

5. 补签审批通过五分钟后,给予积分及诚信值。

4.8.3 微信推送

查询结果通知。点击跳转:补签详情页。

补签审批结果。点击跳转:补签详情页。

4.9 活动评价

活动结束后，点击【我的→我的课程/我的活动→已结束→评价】，每位学生均需要针对本次活动/课程进行评价。

4.9.1【评价】规则

1. 在活动结束后七天内完成活动评价的提交。

2. 每个活动/课程只允许评价一次。

3. 匿名评价。

4.9.2 微信推送

代办事项提醒，点击跳转：评价详情页。

5. 查询积分/成绩

活动/课程结束，且完成活动全部环节【签到、签退、评价】后，可通过【我的→积分/我的成绩】查看积分、成绩及具体明细。

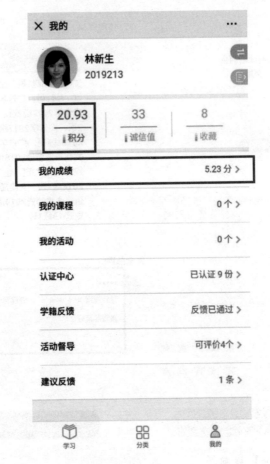

5.1 积分

点击【我的→积分】查看已获得的总积分及各大平台下已完成的（课程、活动、证书认证）的积分列表及状态（正常、被处罚）。

当前页默认显示本学年积分列表。点击【日历 ▦】按钮，可通过选择其他学年查看所获得积分的列表及状态。

5.2 我的成绩

点击【我的→我的成绩】查看已获得的总成绩及各大平台下已完成的（课程、活动、证书认证）的成绩列表及状态（正常、被惩罚）。

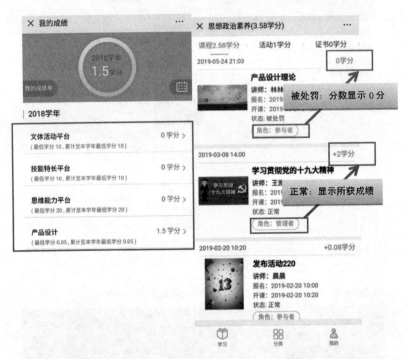

当前页默认显示本学年成绩列表。点击【日历 ▦】按钮，可通过选择其他学年查看所获得成绩的列表及状态。

5.2.1 预警值

列表展示各大平台的最低学分和累计本学年最低学分。

（1）最低学分：建议本学年累计修满的最低学分

举例：文体活动平台，2018 学年最低学分 10，则表示建议学生本学年累计最低修满的学分为 10 学分。

（2）累计至本学年最低学分：建议从开始至本学年累计修满的最低学分

举例：文体活动平台，2018 学分最低学分 10，2019 学年最低学分为 5学分，则建议从开始至本学年累计修满的最低学分为 15 学分。

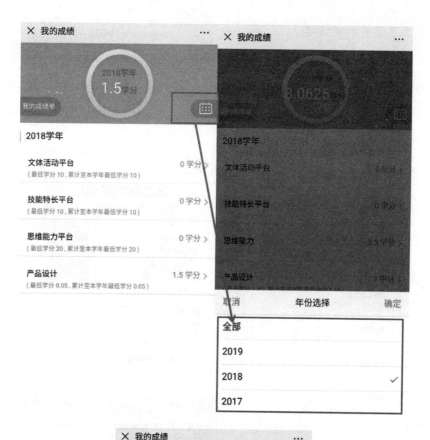

5.2.2 我的成绩单

在列表页点击左下角【我的成绩单】按钮，在页面显示学生当前学年"第二课堂成绩单"明细表。

分别点击底部的【预览】和【设置】按钮，可生成 PDF 文件和设置成绩单显示内容。

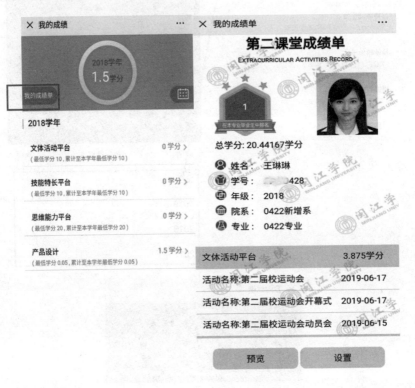

1. 成绩单预览

点击【预览】按钮，系统生成"成绩单预览"表；点击【下载】按钮，可直接下载 PDF 格式"第二课堂成绩单"。

2. 成绩单设置

点击【设置】按钮，在成绩单列表自行勾选三条（必须勾满三条）在本平台下（已参与结束并获得积分的活动/课程）或（认证通过且未被惩罚的证书），显示在生成的"第二课堂成绩单"对应的大平台当中。

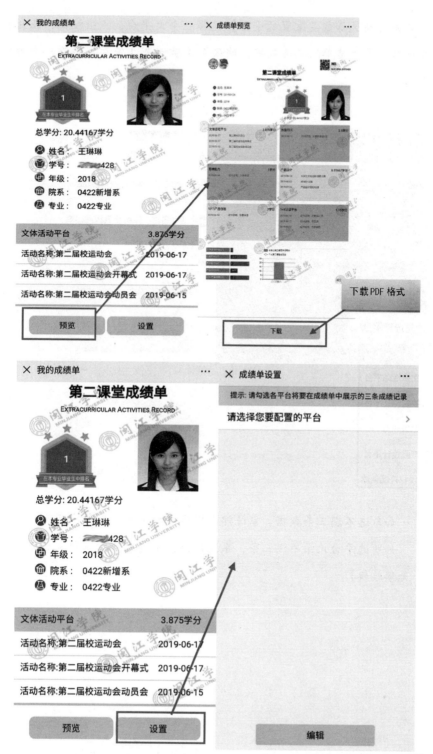

点击【请选择您要配置的平台】选择一个大平台，点击按钮，在列表中勾选展示在成绩单的三条数据，确认无误后点击【保存】按钮，即为保存成功。

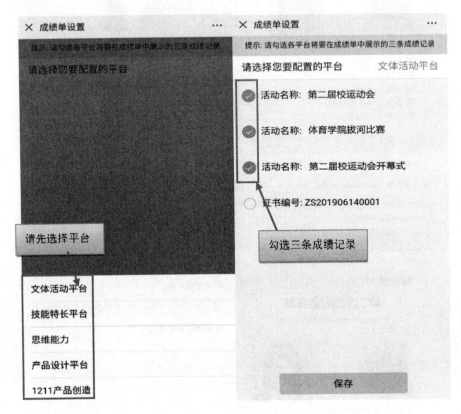

· 如勾选不满三条数据，系统弹出提示【请选择三条成绩记录】。

· 如所选平台记录不满三条，系统弹出提示【该平台成绩记录不足三条，无须编辑】。

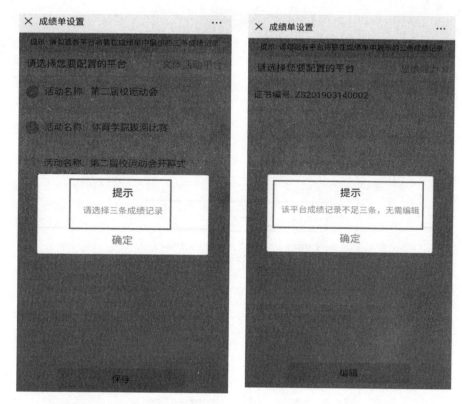

5.2.3 微信推送

系统预警提醒推送，点击跳转：我的成绩列表页。

6. 证书认证

学生按照系统要求填写相关证书信息，通过审批后即可获得积分。

6.1 添加证书

点击【我的→认证中心→新增证书】，选择【申报平台及证书类型】后，根据系统要求填写相关内容，自行选择证书【保存】或【提交】。

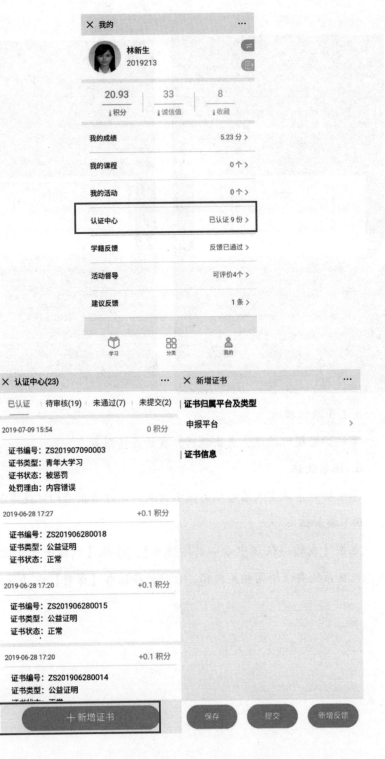

6.2 证书申报

学生在"新增证书"页填写证书认证相关信息时，如发现所提交的证书不属现有证书认证范围，可点击【新增反馈】按钮，在"证书反馈"页对所需内容进行反馈。

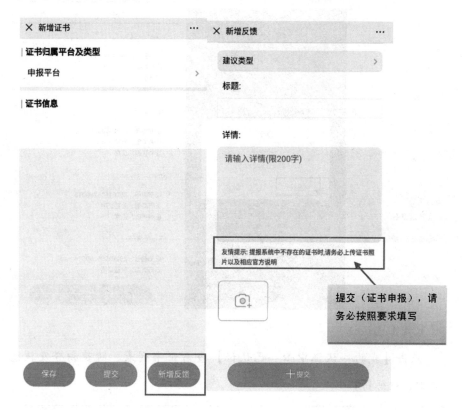

6.3 疑似证书

学生所提交证书，如存在与以往证书相似程度大于等于80%，系统会弹出提示提醒学生。

⚠️ **注意事项**

学生新增证书的（提交参数）不可与已通过证书的（提交参数）相似度达到80%以上。

6.4 审批状态

可通过证书状态【已认证、待审核、未通过、未提交】及份数如（【待审核（19）】），查看详情或编辑证书。

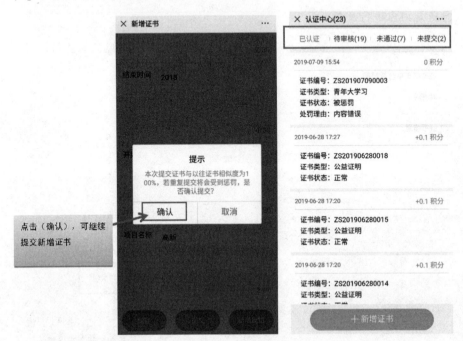

6.4.1 已认证

点击【我的→认证中心→已认证】查看证书列表、所获积分及状态（正常、被惩罚）。

> ⚠️ **注意事项**
>
> 1. 在"已认证"状态下，被惩罚的证书统一显示在【已认证】列表中。
>
> 2. 被惩罚的证书，将回收所获积分并扣除诚信值。
>
> 3. 列表及详情页同时显示：处罚理由。

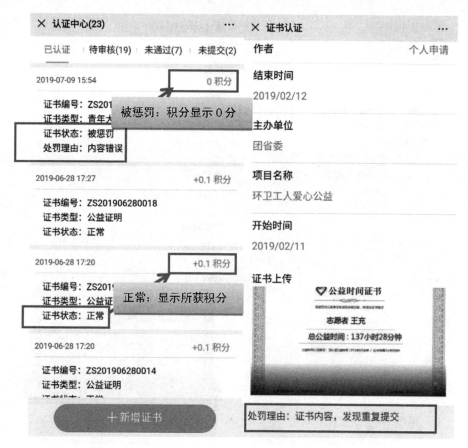

6.4.2 待审核

点击【我的→认证中心→待审核】查看已提交审批的证书列表及详情。

功能：撤回

可在列表点击【撤回】或在详情页点击【撤回】按钮，对证书内容重新修改提交。

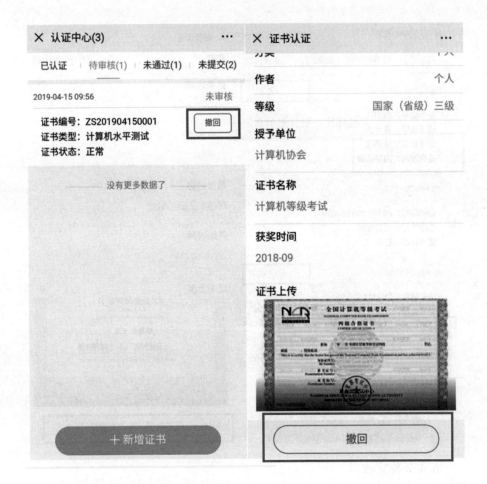

　　证书只有在从未被审批的情况下，才能撤回。如证书已被老师审批（如：初审通过，但终审未审批），点击【撤回】按钮，系统会提示【老师已开始审核，无法撤回】。

6.4.3 未通过

点击【我的→认证中心→不通过】，查看证书列表及状态（正常、被惩罚）。

被拒绝的证书，需重新点击【＋新增证书】，根据系统要求填写相关内容后，自行选择【提交】或【保存】。

⚠️ **注意事项**

1. 在"待审批"状态下，被惩罚的证书，统一显示在【待审批】列表中。

2. 被惩罚后，将回收所获积分并扣除诚信值，列表及详情页同时显示：处罚理由、驳回原因。

3. "待审核"下证书被拒绝，列表及详情页同时显示拒绝原因，且不会扣除诚信值。

6.4.4 未提交

未提交的证书均为草稿状态，学生可对证书内容重新编辑，提交审批。

6.5 微信推送

证书认证审批结果（通过、不通过），点击跳转：证书详情页。

7. 我的

7.1 收藏

学生在【我的→收藏】列表，可查看已收藏成功的所有活动/课程。根据活动/课程状态，对当前活动进行操作（如报名活动），并可在详情页取消收藏。

7.2 学籍信息

用于学生维护个人学籍基本信息，点击【我的→学籍信息】可修改（正装照、手机号、邮箱、政治面貌）。

7.3 诚信值

点击【我的→诚信值】查看所参加且已结束的活动/课程加分、惩罚项目及证书审批加分、惩罚项目和具体内容。

点击右下角的【规则 规则】按钮，查看本校诚信值规则说明。

7.4 学籍反馈

点击【我的→学籍反馈】，在学籍反馈页点击【编辑】按钮，支持修改【头像、姓名、所属院系、专业、年级、班级】。所提交的相关学籍信息内容的修改，教师审批通过后才可视为修改成功。

> ⚠ **注意事项**
>
> 1. 学籍申请在未通过的情况下，依然保留原学籍信息。
>
> 2. 在学籍修改审批通过前，已报名成功的活动，依然保留参加记录，可正常参加活动。
>
> 3. 学籍反馈审批通过后，请先在【学籍信息】中查看学籍相关信息是否已修改成功。

7.5 切换身份

如学生被教师授予管理权限，点击【我→切换身份】按钮，学生可直接切换到所被授权的教师的页面。1 名学生只能接受 1 名老师的授权。

> ⚠️ **注意事项**
>
> 功能只对有教师授权的学生进行开放。

7.6 活动督导

点击【我的→活动督导】，列表展示督导员可对本校活动/课程状态、活动名称及评价内容进行编辑。

 注意事项

功能只对有教师授权的学生进行开放。

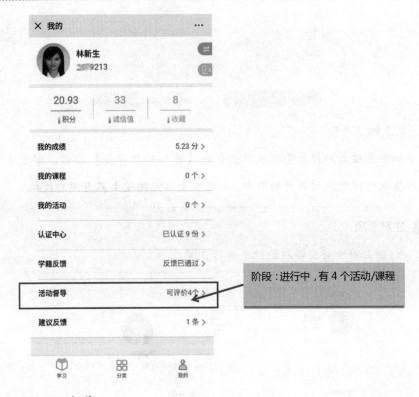

7.6.1 可评价

点击【我的→活动督导→可评价】，列表页展示正在进行中的活动，点击【评价】按钮，填写活动/课程评价表，确认后点击【提交】即为成功。

活动督导的评价时间：活动进行至活动结束。

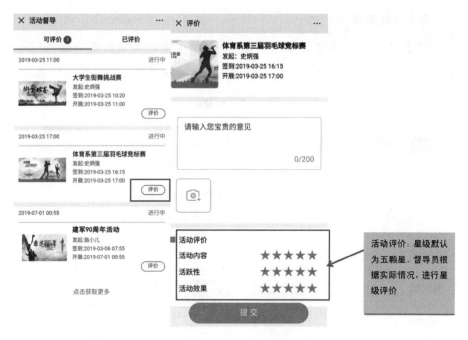

7.6.2 已评价

点击【我的→活动督导→已评价】，选择列表页中的活动，点击【已评价】按钮，查看所有督导员对该活动/课程的评价内容，评价人为匿名。

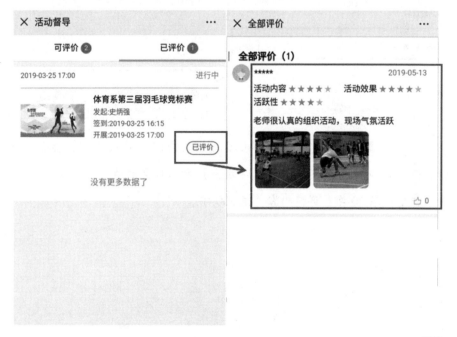

7.7 建议反馈

点击【我的→建议反馈】，列表显示学生建议反馈的两个状态（未回复、已回复）及具体内容，在建议反馈页中点击【+新增反馈】按钮。

在"新增反馈"页中根据要求填写相关内容（建议类型、标题、详情、照片），确认无误后，点击【+提交】即为提交成功。

标题：限20字；详情内容：限200字。

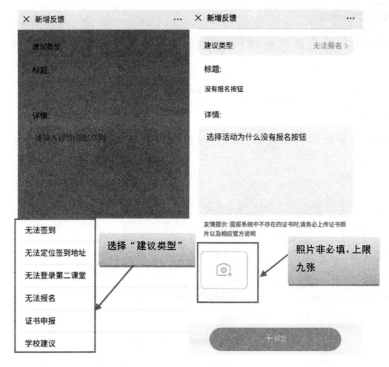

7.7.1 未回复

学生提交的反馈内容还未得到回复，点击列表可查看反馈详情。

7.7.2 已回复

学生提交的反馈内容得到回复，点击列表可查看反馈详情及反馈内容。

> ⚠️ **注意事项**
>
> 不支持对已回复的反馈，如对反馈回复存在疑义，请重新【＋新增反馈】。

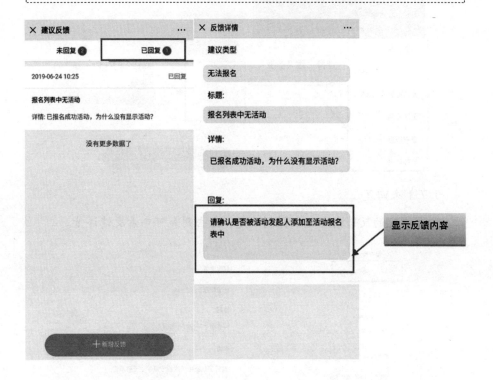

参考文献

[1] 董晓光，秦涛. 高校共青团"第二课堂成绩单"制度建设的现状分析与对策建议 [J]. 高校共青团研究，2018（3）：104-111.

[2] 吴疆鄂，唐明毅，聂清斌. 高校共青团"第二课堂成绩单"运行机制探究 [J]. 学校党建与思想教育，2019（10）：91-93.

[3] 习近平. 坚持中国特色社会主义教育发展道路，培养德智体美劳全面发展的社会主义建设者和接班人 [EB/OL]. 新华网，2018-09-12.

[4] 习近平. 时代是出卷人，我们是答卷人，人民是阅卷人 [EB/OL]. 新华每日电讯，2018-01-06.

[5] 习近平总书记在全国高校思想政治工作会议上的重要讲话 [N]. 人民日报，2016-12-09.

[6] 中共中央国务院印发《中长期青年发展规划（2016—2025年)》[N]. 人民日报，2017-04-14.

[7] MASLOW A H. A Theory of Human Motivation [J]. Psychological Review. 1943，50（4）：370-396.

[8] 李骥. "大思政"格局下高校共青团思想引领的优先策略 [J]. 思想教育研究，2017（5）：114-117.

[9] 宋丹，崔强，陆凯. 提升高校第二课堂育人实效的路径探析 [J]. 思想教育研究，2018，（5）：119-122.

[10] 李子川. 共青团"第二课堂成绩单"制度的实践意义探究 [J].

教育前沿，2019（4）：364.

　　[11] 张薇，蒋琼. 大学生"第二课堂成绩单"制度的实践探索 [J].才智，2019（4）：93.

　　[12] 共青团中央、教育部关于在高校实施共青团"第二课堂成绩单"制度的意见 [J]. 高校共青团研究，2018（3）：2-3.

　　[13] 解晓亮，任祥华. 实施牵引与实施核心：高校共青团"第二课堂成绩单"制度记录评价体系研究 [J]. 高校共青团研究，2018（3）：83-89.

　　[14] 邹文通，何伟，薛琳. "第二课堂成绩单"制度的内涵、功能和意义 [J]. 集美大学学报（教育科学版），2018，19（5）：70-74.

　　[15] 李壹凡. 浅析高校共青团"第二课堂成绩单"制度建设 [J]. 新西部，2018（23）：125.

　　[16] 丁彦，李子川. 高校"第二课堂成绩单"的构建：内涵、变革与实现路径 [J]. 高教学刊，2019（8）：72-74

　　[17] 徐倩倩. 第二课堂成绩单制度：高校共青团融入人才培养的新体系 [J]. 广西青年干部学院学报，2017（2）：14-17.

　　[18] 黄琴琴. 高校基层团组织建设中第二课堂成绩单的实施现状刍议 [J]. 教育现代化，2017（16）：82-84.

　　[19] 艾洪庆. 高校推行"第二课堂成绩单"的现实考量和路径选择 [J]. 青少年学刊，2017（2）：50-54.

　　[20] 赵健，谢欢，章樱樱. 依托"PU"平台打造高职院校"第二课堂成绩单"的探索 [J]. 南京工业职业技术学院学报，2016（9）：87-89.

　　[21] 周国桥. 理工科高校第二课堂成绩单制度探索与实践 [J]. 吉林广播电视大学学报，2017（5）：46-47.

　　[22] 朱国军. 人才培养视角下高校第二课堂成绩单建设的功效 [J]. 淮阴师范学院学报，2019（2）：160-162.

　　[23] 汪静. 高校创新人才培养模式初探——基于"第二课堂成绩单"制度的思考 [J]. 白城师范学院学报，2017，31（12）：101-104.

［24］张儒奎，兰青，张明会．以第二课堂成绩单制度为抓手激发和提升基层团组织活力——以陇南师范高等专科学校为例［J］．科教导刊（上旬刊），2017（12）：66-67.

［25］郭晓倩．基于"第二课堂成绩单"下的高校实践育人机制研究［J］．产业与科技论坛，2017，16（23）：187-188.

［26］高汝男．第二课堂成绩单在高校中外合作办学人才培养模式中的构建［J］．高教论坛，2017（7）：59-60，76.

［27］王莉．浅析高校共青团改革背景下的第二课堂成绩单建设［J］．人才资源开发，2016（24）：41.

［28］李林娇，李得天，李浩野．"第二课堂成绩单"服务的高校学生考核评价体系［J］．中外企业家，2017（11）：194.

［29］艾洪庆．高校推行"第二课堂成绩单"的现实考量和路径选择［J］．青少年学刊，2017（2）：50-54.

［30］王静．高校"第二课堂成绩单"制度的社会认可度调查——以江苏省部分高校及用人单位为例［J］．淮海工学院学报，2018，16（3）：114-116.

［31］团中央教育部全国学联实施"大学生素质拓展计划"［EB/OL］．北方网-教育频道，2002-03-28.

［32］蔡克勇，冯向东．第二课堂的产生是教育思想上的一次变革［J］．高等教育研究，1985（4）.

［33］汪洁．南大首推"第二课堂"成绩单［N］．金陵晚报，2016-10-17.

［34］习近平．决胜全面建成小康社会，夺取新时代中国特色社会主义伟大胜利——在中国共产党第十九次全国代表大会上的报告［M］．北京：人民出版社，2017：46.

［35］李立红．高校共青团"第二课堂成绩单"制度试点工作推进会召开［N］．中国青年报，2016-09-23.

[36] 丁丁. 高校第二课堂管理存在的问题及对策分析 [J]. 时代教育, 2013 (9): 101 - 102.

[37] 袁威, 李若雯, 杨海钊. 高校开展第二课堂活动的现状及对策研究——以黄淮学院为例 [J]. 高等教育, 2012 (20): 26 - 27.

[38] 朱秀志, 张华. 基于目标评价模式的第二课堂评价体系的构建 [J]. 教育界: 高等教育研究, 2012, 3 (11): 137 - 138.

[39] 赵新宇. 吉林省高校第二课堂育人模式构建研究 [D]. 长春: 吉林农业大学, 2017.

[40] 顾佩华, 胡文龙, 等. 基于"学习产出"(OBE) 的工程教育模式——汕头大学的实践与探索 [J]. 高等工程教育研究, 2014, 5 (1): 27 - 37.

[41] 黄海涛. 美国高等教育中的学生学习成果评估研究 [D]. 南京: 南京师范大学, 2011.

[42] 欧阳秀. 教育硕士研究生科研能力评价指标体系研究 [D]. 武汉: 华中师范大学, 2013.

[43] 刘奇. 高校第二课堂建设研究 [J]. 教育与职业, 2014, 9 (6): 41 - 42.

[44] 洪树琼, 余莎, 等. "第二课堂"体系的构建与学生实践能力培养的研究实践 [J]. 中国教育改革与教学研究, 2011 (5): 9 - 10.

[45] 魏晶, 贾曦, 刘栋. 以促进发展为目标的大学生综合素质评价——第二课堂成绩单建设理念与实践 [J] 中国电化教育, 2018 (9): 132 - 137.

[46] 王静. 高校"第二课堂成绩单"制度的社会认可度调查——以江苏省部分高校及用人单位为例 [J] 淮海工学院学报, 2018 (3): 134 - 136.

[47] 魏晶, 贾曦, 刘栋. 以促进发展为目标的大学生综合素质评价——第二课堂成绩单建设理念与实践 [J] 中国电化育, 2018 (9): 132 - 137.

[48] 杨乾坤. 基于微信服务号的高校"第二课堂成绩单"信息系统设计与实现 [J]. 教育现代化, 2019 (5): 99 - 104.

[49] 尚广海，杨乾坤. 基于班级日常管理的学生工作信息化建设新探 [J]. 高校辅导员，2012 (6)：53 –55.

[50] 陈禹，杨善林，梁昌勇. 信息系统分析与设计 [M]. 北京：高等教育出版社，2005：68 –115.

[51] 王眉龙，金会心. 如何运用大数据思维打造高校第二课堂 [J]. 高等教育，2018 (15)：136 –137.

[52] 陶好飞，陈玲. 新时代高校人才培养 "第二课堂成绩单" 制度发展与实践研究 [J]. 高校共青团研究，2018 (03)：67 –77.

[53] 陈玲，陶好飞，谢明昊. 论第二课堂在人才培养过程中的作用——以高校一二课堂学习联动为中心 [J]. 北京师范大学学报 (社会科学版)，2019 (5)：13 –23.

[54] 陶好飞，陈玲，黄戈林. 高校 "第二课堂成绩单" 制度关键结构及发展研究 [J]. 新疆师范大学学报 (哲学社会科学版)，2019 (4)：137 –144.

[55] 朱星颖，李宇豪，王懿等. 基于信息化的第二课堂成绩统计系统开发与应用 [J]. 环球市场，2019 (30).

[56] WEI X. The Construction of the Second Classroom Model of College Physical Education Based on WeChat Platform [C] //International Conference on Education, Management, Computer and Society. 2017.

[57] HOFMEIJER T J, DULMAN S O, JANSEN P G, et al. AmbientRT – realtime system software support for data centric sensor networks [C] //Intelligent Sensors, Sensor Networks and Information Processing Conference, 2004. Proceedings of the. IEEE, 2017：61 –66.

[58] YANG S, YAO X. Implementation of CAS Server as Authentication Protocolon Single Sign – On (SSO) Network With PHP Programming [C] // Icetia. 2014：815 –834.

[59] MYSQL A. MySQL：The World's Most Popular Open Source Database [J]. World Wide Web – internet & Web Information Systems, 2010.